MARCO POLO

Reisen mit **Insider Tipps**

POTSDAM
MIT UMGEBUNG

MARCO POLO Autoren
Kerstin Sucher, Bernd Wurlitzer

Potsdam liegt für die renommierten Reisejournalisten Kerstin Sucher und Bernd Wurlitzer *(www.tourismus-journalisten.de)* fast vor der Haustür. Von Berlin aus fahren beide oft in Brandenburgs Landeshauptstadt und ihre wasserreiche Umgebung, bummeln in den Parks, genießen die Kulturangebote und vergessen dabei manchmal, dass sie eigentlich zum Arbeiten und nicht zum Vergnügen hergekommen sind.

www.marcopolo.de/potsdam

← UMSCHLAG VORN: DIE WICHTIGSTEN HIGHLIGHTS

Die besten Insider-Tipps → S. 4

Best of ... → S. 6

Sehenswertes → S. 26

Essen & Trinken → S. 60

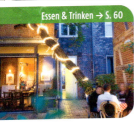

4 **DIE BESTEN INSIDER-TIPPS**

6 **BEST OF ...**
- TOLLE ORTE ZUM NULLTARIF S. 6
- TYPISCH POTSDAM S. 7
- SCHÖN, AUCH WENN ES REGNET S. 8
- ENTSPANNT ZURÜCKLEHNEN S. 9

10 **AUFTAKT**

16 **IM TREND**

18 **STICHWORTE**

24 **DER PERFEKTE TAG**

26 **SEHENSWERTES**
PARK SANSSOUCI, NEUER GARTEN, ZENTRUM, NÖRDLICH DES ZENTRUMS, PARK BABELSBERG, ANDERE STADTVIERTEL

60 **ESSEN & TRINKEN**
FRISCHER FISCH, BEELITZER SPARGEL, TELTOWER RÜBCHEN UND DER „WERDERANER WACHTELBERG"

68 **EINKAUFEN**
SHOPPING IN HÜBSCHEN INNENHÖFEN

SYMBOLE

INSIDER TIPP Insider-Tipp

★ Highlight

●●●● Best of ...

☼ Schöne Aussicht

🌿 Grün & fair: für ökologische oder faire Aspekte

(*) Kostenpflichtige Telefonnummer

PREISKATEGORIEN HOTELS

€€€ über 130 Euro

€€ 90–130 Euro

€ bis 90 Euro

Die Preise gelten für zwei Personen im Doppelzimmer inklusive Frühstück

PREISKATEGORIEN RESTAURANTS

€€€ über 16 Euro

€€ 12–16 Euro

€ bis 12 Euro

Die Preise gelten für ein Hauptgericht ohne Vor- und Nachspeise und ohne Getränke

INHALT

Einkaufen → S. 68

AM ABEND 72
THEATER, KABARETT, SCHLOSSKONZERTE, BARS UND SZENEKULTUR

ÜBERNACHTEN 76
LUXUSHERBERGE ODER SCHLICHTE PENSION?

POTSDAMS UMGEBUNG 82
SCHLÖSSER, WÄLDER UND HAVELSEEN – POTSDAMS AUSFLUGSZIELE

Am Abend → S. 72

STADTSPAZIERGÄNGE 90
MIT KINDERN UNTERWEGS 96
EVENTS, FESTE & MEHR 98
LINKS, BLOGS, APPS & MORE 100
PRAKTISCHE HINWEISE 102
CITYATLAS & STRASSENREGISTER 108
REGISTER & IMPRESSUM 126
BLOSS NICHT! 128

Übernachten → S. 76

Cityatlas → S. 108

GUT ZU WISSEN
Potsdam sportlich → S. 21
Bücher & Filme → S. 22
Richtig fit → S. 47
Entspannen & genießen → S. 50
Gourmettempel → S. 64
Spezialitäten → S. 66
Luxushotels → S. 80
Was kostet wie viel? → S. 103
Wetter → S. 104

KARTEN IM BAND
(110 A1) Seitenzahlen und Koordinaten verweisen auf den Cityatlas
(0) Ort/Adresse liegt außerhalb des Kartenausschnitts. Es sind auch die Objekte mit Koordinaten versehen, die nicht im Cityatlas stehen. Übersichtskarte Potsdam mit Umland auf S. 120/121. Einen Liniennetzplan der öffentlichen Verkehrsmittel finden Sie im hinteren Umschlag

UMSCHLAG HINTEN: FALTKARTE ZUM HERAUSNEHMEN →

FALTKARTE
(📙 A–B 2–3) verweist auf die herausnehmbare Faltkarte

3

Die besten MARCO POLO Insider-Tipps

Von allen Insider-Tipps finden Sie hier die 15 besten

INSIDER TIPP Theater etwas anders
Mit relativ ungewöhnlichen Aufführungen begeistern die freien Theatergruppen ihr Publikum beim *Unidram Internationalen Theaterfestival* → S. 99

INSIDER TIPP Vegan genießen
Gutes essen, Gutes tun: Mit diesem Motto überrascht das vegane Genießercafé *Good Deats* mit rein pflanzlichen Kreationen und Pralinen → S. 63

INSIDER TIPP Fische aus Oder, Havel und Spree
Die Welsdame „Weline" ist der Star unter den einheimischen Fischen in den Aquarien des *Naturkundemuseums* → S. 45

INSIDER TIPP Kalorienzählen unerwünscht
Verzichten Sie aufs Kalorienzählen: Den köstlichen Käsetorten im *Café Guam* kann man einfach nicht widerstehen. Bis zu 19 Sorten stellt der Hauskonditor jeden Tag her → S. 63

INSIDER TIPP Küchengeflüster
Wo und wie entstand das, was Majestät gern mochte und seinen Gästen servieren ließ? Das erfahren Sie bei einem Blick in die *Schlossküche* von Sanssouci – seinerzeit die modernste weit und breit → S. 36

INSIDER TIPP Duftige Verführung
Himmlisch duftet der Tee aus dem Teeladen *Götz + Götz*, eine großartige Verführung: nicht nur zum Kaufen, auch zum Genießen der zahlreichen Teesorten und edlen Pralinés im kleinen, gemütlichen Teesalon → S. 71

INSIDER TIPP Orangerote Vitaminbomben
Die kleinen vitaminreichen Sanddornbeeren strotzen nur so vor Gesundheit. Verarbeitet zu leckeren Säften, Fruchtaufstrichen, Likören und Weinen, Gummibärchen und sogar auch zu Naturkosmetik werden sie im Hofladen des Petzower *Frucht-Erlebnis-Gartens* angeboten → S. 89

INSIDER TIPP Vogelperspektive
Von der Aussichtsplattform der *Nikolaikirche* (Foto u.) einen tollen Blick auf Potsdam genießen → S. 46

INSIDER TIPP Schmuck kreieren
Erleben Sie, wie im unkonventionellen Ambiente des Goldschmiedecafés *Genna d'Oro* Unikatschmuck entsteht, oder fertigen Sie in Kursen selbst ein schönes Stück nach eigenen Vorstellungen → S. 70

INSIDER TIPP Zeitgenössischer Tanz und neue Musik
Die *Fabrik Potsdam*: Hier können Sie modernen und experimentellen Tanz von jungen Künstlern in Inszenierungen bekannter Choreografen sehen → S. 75

INSIDER TIPP Köstliche Gaumenfreuden
Croques, Flammkuchen, Austern, bretonische Fischsuppe: In der *Maison Charlotte* erwarten Sie schmackhafte französische Spezialitäten (Foto li.) → S. 64

INSIDER TIPP Musik im Bauernhaus
Im Innenhof eines alten Bauernhauses unterhält die *Fercher Obstkistenbühne* mit musikalischen Programmen → S. 87

INSIDER TIPP Altes Handwerk neu entdeckt
Historisches Handwerk und fliegende Händler, Straßentheater, Comedy, Zauberei, Feuer und Musik beim *Böhmischen Weberfest* in Babelsberg → S. 98

INSIDER TIPP Dem Kronprinzenpaar in die Wohnung blicken
Wie Cecilie und Wilhelm im *Schloss Cecilienhof* wohnten und lebten → S. 39

INSIDER TIPP Kultur und Kunst im Dreierpack
Jazzkonzerte, Ausstellungen zeitgenössischer Kunst in Galerien und Museen und den Denkmalpflegern bei ihrer Arbeit zuschauen – das können Sie beim *Potsdamer Dreiklang* → S. 99

BEST OF ...

TOLLE ORTE ZUM NULLTARIF
Neues entdecken und den Geldbeutel schonen

SPAREN

● **Musik unterm Blätterdach**

Feiner Glockenklang schwebt über der Havel bei *Nikolskoe*, wenn zu jeder Stunde das Glockenspiel vom Kirchturm erklingt. 90 verschiedene Melodien sind programmiert, wer alle hören möchte, muss oft im Jahr kommen. Dafür braucht er aber auch nichts zu bezahlen → S. 84

● **Open-Air-Konzerte auf dem Pfingstberg**

Musik von Telemann und Bach, Hörnerklänge, Akkordeonspiel, Lesungen. Und das alles gratis vor der traumhaften Kulisse des *Belvedere auf dem Pfingstberg* dank der sommerlichen Veranstaltungsreihe „Kultur in der Natur" des Fördervereins Pfingstberg → S. 49

● **Einblick in Geschichte und Politik**

Nigelnagelneu ist Potsdams *Stadtschloss* und atmet doch Geschichte. Ohne Eintritt zu zahlen, können Sie sich den Innenhof, das Treppenhaus und das Foyer anschauen und zur Dachterrasse hinaufgehen. Und als zusätzliches Bonbon: Die Freitagsführungen ermöglichen nicht nur einen Blick hinter die Kulissen der Macht, sie sind auch gratis → S. 47

● **Russlandreise**

Bei einem Gang durch die *Russische Kolonie Alexandrowka* (Foto) können Sie 13 historische Holzhäuser und die Alexander-Newski-Kirche auf dem nahen Kapellenberg erkunden – ein kleine Reise nach Russland ganz ohne Visa- und Eintrittsgebühren → S. 52

● **Lange Kerls**

Normalerweise muss für so farbenprächtige Shows Eintritt gezahlt werden. Doch wenn die Potsdamer Riesengarde im *Krongut Bornstedt* exerziert, werden nicht Geldbörsen, sondern Kameras gezückt → S. 51

● **365 Tage Blüten**

Karl Foersters denkmalgeschützter *Staudengarten* in Bornim blüht und grünt das ganze Jahr über und bietet immer neue Entdeckungen. Und am Garteneingang steht kein Häuschen, an dem Sie zur Kasse gebeten werden → S. 58

●●●● Diese Punkte zeichnen in den folgenden Kapiteln die Best-of-Hinweise aus

TYPISCH POTSDAM
Das erleben Sie nur hier

● **Einmal König sein**
Eintauchen in die Welt von Friedrich dem Großen in
Schloss Sanssouci. Empfangen Sie in Gedanken
im Marmorsaal Gäste, hören Sie im Konzertzimmer den Hammerflügel erklingen, und
sehen Sie sich am Schreibtisch im Arbeitszimmer sitzen. Kaum verlassen Sie das
Schloss, hat die Normalität Sie wieder,
verflogen sind die Königsträume → S. 35

● **Köstlichkeiten vom Spitzenkoch**
Wer in Potsdam gut speisen möchte, der
lässt sich von Sternekoch Alexander Dressel im Restaurant *Friedrich Wilhelm* verwöh-
nen. Mit seiner innovativen deutschen Küche
beweist er, dass man aus regionalen Produkten
vorzügliche Gaumenfreuden zaubern kann → S. 64

● **Achtung, Kamera läuft ...**
Im *Fernsehstudio 1* im Filmpark Babelsberg werden Sie erwartet: Hier
können Sie wie Thomas Gottschalk moderieren, wie Jan Hofer die
Nachrichten sprechen oder vor der Kamera das Wetter verkünden. Bis
zu 450 Zuschauer schauen Ihnen in dem hauseigenen Studio im Filmpark Babelsberg zu → S. 57

● **Mit „Gustav" um Potsdam**
Nostalgie im Doppelpack! Das kohlebefeuerte Dampfschiff *Gustav*
trägt Sie zu historischen Schlössern und Gärten. Die Insel Potsdam auf
dem Wasser umrunden, die Stadt aus anderer Perspektive sehen – das
ist ein besonderes Erlebnis (Foto) → S. 105

● **Klein-Amsterdam**
Bummeln Sie mitten in Potsdam durch ein Stückchen Holland. Im be-
rühmten *Holländischen Viertel* laden unzählige kleine Geschäfte zum
Stöbern und Cafés zum Ausruhen ein. Wenn Sie hier einen Holländer
treffen, ist es jedoch garantiert ein Tourist, denn der letzte holländische
Bewohner hat Potsdam bereits 1928 verlassen → S. 44

● **Auf den Spuren der Weltgeschichte**
In Potsdam wurde am Ende des Zweiten Weltkriegs Weltgeschichte geschrieben. Im *Schloss Cecilienhof* stehen Sie vor dem runden Tisch, an
dem sich die damals drei mächtigsten Regierungschefs zur Potsdamer
Konferenz trafen → S. 38

BEST OF ...

SCHÖN, AUCH WENN ES REGNET
Aktivitäten, die Laune machen

● *Weben wie die Großmutter*
In der *Handweberei Henni Jaensch-Zeymer* in Geltow rattern 16 bis zu 200 Jahre alte Handwebstühle. Im Museumsladen werden hier gewebte Textilien verkauft, und im Café lockt an den Sommerwochenenden hausgebackener Kuchen → S. 87

● *Ab in die Grotten*
Im Grotten- und Muschelsaal sowie in den anderen Räumen des *Neuen Palais* gibt es viel zu entdecken. Wenn Ihnen das nicht reicht (oder es immer noch regnet), lassen Sie sich noch durch die Wohnung von Friedrich dem Großen führen → S. 32

● *Im Trocknen auf dem Wasser*
Das *Theaterschiff*, ein ehemaliger Lastkahn, liegt vertäut an der Schiffbauergasse. Auf dem Programm stehen Theater, Kabarett, Musik. Vor Veranstaltungsbeginn können Sie im Schiffsrestaurant speisen oder den Abend beim Absacker ausklingen lassen → S. 75

● *12 Monate Sommer*
Das ganze Jahr herrscht in der *Biosphäre* Sommer. Spazieren Sie durch die Welt der Tropen, bewundern Sie farbenprächtige Orchideen, bis zu 14 m hohe Palmen und afrikanische Papageien – und erleben Sie jede Stunde ein Tropengewitter, ohne nass zu werden (Foto) → S. 50

● *Gemälde großer Meister*
134 Meisterwerke hängen in der *Bildergalerie* von Sanssouci. Wenn Sie jedes Bild nur drei Minuten betrachten, benötigen Sie insgesamt gut sechs Stunden. Danach hat der Regen gewiss aufgehört → S. 28

● *Die Welt des Films*
Im *Filmmuseum* in die Filmgeschichte Babelsberg eintauchen und am Abend im hauseigenen Kino einen der beliebten Stummfilme anschauen, die auf der Welte-Kinoorgel begleitet werden → S. 42

REGEN

ENTSPANNT ZURÜCKLEHNEN
Durchatmen, genießen und verwöhnen lassen

● *Fahrt ins Blaue*
Vom Laufen ermüdet? Gönnen Sie sich einen richtigen Faulenzertag: im *Freizeithafen Havelmeer* ein Kanu mieten, einen gut gefüllten Picknickkorb und Kissen einpacken und sich endlos auf den Havelgewässern treiben lassen. Allein sein mit Schwänen und Enten → S. 105

● *Musik in Schlössern und Kirchen*
Die Hohenzollern schwelgten in Kunst. Fortgesetzt wird diese Tradition von den *Musikfestspielen Potsdam-Sanssouci*. Genießen Sie die Symbiose von Architektur und Musik, lauschen Sie dem Klang der Instrumente, gespielt von Künstlern aus aller Welt → S. 98

● *Nicht nur Naschkatzen*
Ob Naschkatze oder nicht, an der kleinen Bioschokoladenmanufaktur *Confiserie Felicitas* kommt kaum einer vorbei. Bei einer hausgemachten Trinkschokolade und den vielen Leckereien werden Ihre Glückshormone Purzelbäume schlagen (Foto) → S. 71

● *Oase der Entspannung*
Wohlige Wärme, sanfte Massagen, angenehme Düfte und 28 Grad warmes Wasser im Pool. Im Wellnesstempel des *Resort Schwielowsee* können Sie es sich richtig gut gehen lassen → S. 89

● *Kleine Auszeiten vom Alltag*
Müde? Ausgelaugt? Dann schnell ab in den exklusiven Spa-Bereich von *All Sports One* im Persiusspeicher! Dort finden Sie die Ruhe und Entspannung, die Ihnen zu neuen Kräften verhilft: verschiedene Saunen, Dampfbad, Massagen und Beauty-Streicheleinheiten für Körper und Seele → S. 77

● *Träumen auf historischen Wegen*
Auf einer Bank im *Park Babelsberg* dem Gezwitscher der Vögel lauschen oder beim Bummeln auf sanft geschwungenen Wegen den Gedanken hingeben. Hier entspannte schon vor mehr als 100 Jahren Kaiser Wilhelm I. – nicht selten in Begleitung hoher Staatsgäste → S. 52

ENTDECKEN SIE POTSDAM!

Wer Potsdam hört, denkt vor allem an die Schlösser und Gärten, an Kunst, Kultur und Seen, neuerdings aber auch an Fernsehmoderator Günther Jauch und Modezar Wolfgang Joop, die beide in Potsdam wohnen. Vielleicht auch an das Potsdamer Abkommen, die Glienicker Brücke und die 1. Frauenfußballmannschaft von „Turbine Potsdam", eine der erfolgreichsten Europas.

Doch nach wie vor verbindet sich der Name Potsdam vor allem mit Schloss Sanssouci. Preußenkönig Friedrich II., in die Geschichte als Friedrich der Große eingegangen, haben wir die Perle des Rokoko zu verdanken. Ohne ihn wären wir wohl um den größten Park- und Schlosskomplex nördlich der Alpen ärmer. Potsdam lockt aber auch mit anderen Attraktionen, die entdeckt werden wollen. Eine gute Einstimmung ist ein Gang durchs Holländische Viertel, die größte holländische Siedlung außerhalb der Niederlande. In den kleinen Läden können Sie shoppen und es sich in Dutzenden von Restaurants, Cafés und Bars gut gehen lassen. Einheimische und Touristen finden sich in den Backsteinhäusern einmütig an Tischen und Tresen zusammen. Oder lenken Sie

Bild: Potsdams Brandenburger Tor

Ihre Schritte in die Russische Kolonie Alexandrowka; wie ein Freilichtmuseum wirkt die Siedlung mit ihren historischen Holzhäusern. Mancher Tourist soll schon durch ein offen stehendes Hoftor spaziert sein, um sich bei den verdutzten Bewohnern zu erkundigen, wo denn die Kasse sei und der Rundgang beginne.

Potsdam bietet Kunst, Kultur und viel Geschichte: zauberhafte Schlösser, viele Kunstschätze, ausgedehnte Parks und eine lebendige Innenstadt mit Kneipen, Restaurants und kleinen Läden. Alles ist eingebettet in eine Seen- und Flusslandschaft, die schon Theodor Fontane und Preußens Könige begeisterte. Heute sind es neben den zahlreichen Touristen auch die mehr als 20 000 Studenten, die das Gesicht der brandenburgischen Landeshauptstadt bestimmen. Sie bringen frisches Leben nach Potsdam. In-Treff ist heute das Jahrzehnte vom Militär besetzte Gebiet zwischen Neuem Garten und Babelsberger Park, die Schiffbauergasse. Eine lebendige Kunst- und Kulturszene hat sich hier entwickelt. Das historische Waschhaus, die Maschinenhalle und die Husarenpferdeställe wurden restauriert, eingezogen sind zahlreiche Künstler und kreative Unternehmen. Das Theater und der Uferpark entstanden neu, und das Schiffsrestaurant „John Barnett" sowie das italienische Restaurant „Il Teatro" locken mit Gaumenfreuden der verschiedensten Art.

Zauberhafte Schlösser, Parks und eine lebendige Innenstadt

Die Potsdamer fühlen sich in ihrer Stadt wohl, sie haben also allen Grund zum Feiern. Jazzfestival, Tanztage, Musikfestival – viele Events erfreuen sich überregional ei-

Kultur mit Seeblick: Potsdams neue Kunstszene konzentriert sich in der Schiffbauergasse am Tiefen See

AUFTAKT

nes guten Rufs. Doch der Superlativ aller Veranstaltungen ist die „Schlössernacht", ein rauschendes Spektakel mit Glanz und Gloria, mit Hunderten von Künstlern und rund 30 Spielorten, an denen erst lange nach Mitternacht die Lautsprecher abgestellt werden. Tausende sitzen in den Startlöchern, wenn zum Vorverkauf gerufen wird. Innerhalb weniger Tage sind alle 33 000 Karten verkauft, schon Monate vor diesem Super-Event. Wer kein Ticket ergattern konnte, dem seien die „Nächtlichen Schlösserimpressionen" empfohlen. An sechs Wochenenden im Jahr erstrahlen am Havelufer liegende Schlösser und Kirchen im Lichterglanz. Die Schiffe der Weißen Flotte starten zu einer dreistündigen romantischen Korsofahrt, und so können Sie sich an der Lichterpracht vom Wasser aus erfreuen.

Potsdam ist in. Im Gegensatz zu anderen Städten im Osten Deutschlands gibt es hier keinen Bevölkerungsrückgang. Die Havelstadt zählt rund 159 000 Einwohner und gilt als eine der familienfreundlichsten in Deutschland. Mehr als 30

Eine der familienfreundlichsten Städte Deutschlands

Einrichtungen setzen der Kreativität von Kindern und Jugendlichen keine Grenzen. Über 120 Sportvereine sind vorhanden, es gibt sogar ein eigenes Kinder- und Jugendtheater. Im Volkspark, den die Bundesgartenschau 2001 hinterlassen hat, treffen sich die Inlineskater, werden Fahrradrennen veranstaltet und auf den Wiesen Sonnenbäder genossen und Würstchen gegrillt. Das alles ist in den drei großen Schloss- und Landschaftspark der Stadt verboten. Denn über die hält die Unesco ihre Hand, damit auch kommende Generationen sich an diesen Kunstwerken erfreuen können.

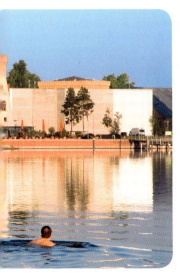

In Potsdam begegnen sich Vergangenheit und Gegenwart intensiver als anderswo. Die Havelstadt, einst die zweite Residenz der preußischen Könige und deutschen Kaiser, galt als Symbol für den preußisch-deutschen Militarismus, der der Welt nichts Gutes bescherte: Am Abend des 1. August 1914 unterzeichnete Kaiser Wilhelm II. an seinem Schreibtisch im Neuen Palais die Verkündigung des Kriegszustands. Vier Jahre später flüchtete er in das holländische Doorn. 59 Bahnwaggons, vollgestopft mit Möbeln, Bildern, Porzellan, Silber und einem Auto, rollten hinterher. Am 21. März 1933 dann, dem „Tag von Potsdam", wurde in der Hof- und Garnisonkirche Adolf Hitler mit großem militärischem Pomp als Reichskanzler vereidigt, zwölf Jahre später flog die britische Royal Air Force

13

einen Angriff auf Potsdam. Der britische Heeresbericht meldete daraufhin: „Potsdam besteht nicht mehr."

Bis 1989 fristete Potsdam im Schatten der um West-Berlin errichteten Mauer ein kümmerliches Dasein. Wer seit DDR-Zeiten nicht mehr in Potsdam gewesen ist, der heutigen Landeshauptstadt des Bundeslands Brandenburg, kommt aus dem Staunen nicht heraus. Die prachtvollen Geschäftshäuser, die historischen Stadttore und luxuriösen Villen erstrahlen in neuem Glanz, der Stadtkanal entstand teilweise wieder, der neue Lustgarten wurde eine Zierde. Potsdam wandelte sich vom Militärstandort zur Wissenschafts- und Medienstadt und setzt auf den Tourismus. Hotels wurden gebaut, unzählige Gaststätten eingerichtet.

Und es geht weiter. Nach jahrelangen Zwistigkeiten ist es nun endlich so weit: Potsdam hat sein in der Bombennacht 1945 zerstörtes Stadtschloss zurückerhalten, in das im Januar 2014 der Brandenburger Landtag eingezogen ist. Weitgehend dem historischen Grundriss folgend wurde das Bauwerk mit der originalgetreuen barocken Außenfassade wieder aufgebaut. Zusammen mit der Nikolaikirche und dem Alten Rathaus bildet es wieder Potsdams historische Mitte, die in den nächsten Jahren auch an anderen Stellen manches von ihrem einstigen Aussehen zurückerhält. So entstehen an der Alten Fahrt entlang der künftigen Humboldt- und Brauerstraße der Palast Barberini, der Palazzo Pompei und der Palazzo Chiericati wieder. Zudem haben der Bund und das Land Brandenburg ein Sonderinvestitionsprogramm von 155 Mio. Euro beschlossen. Damit kann die Stiftung Preußische Schlösser und Gärten Berlin-Brandenburg 23 Bau- und Gartendenkmäler bis zum Jahr 2017 sanieren und den Besucherservice verbessern. Zu den vordringlichsten Projekten gehört das Neue Palais mit seinen rund 500 Räumen, dessen Zustand teilweise als prekär beurteilt wird. Durch die umfangreichen Bauarbeiten wird es in den nächsten Jahren immer wieder zu vorübergehenden Schließungen von einzelnen Einrichtungen kommen.

> **155 Mio. Euro zur Sanierung der Bau- und Gartendenkmäler**

Um manch anderes wird jedoch gerangelt, wie um den durch Spenden finanzierten Wiederaufbau der im Krieg zerstörten Garnisonkirche, deren Reste die DDR-Mächtigen 1968 sprengen ließen. Die Meinungen hierüber gehen stark auseinander, vorerst hat man am früheren Standort der Kirche im Sommer 2011 eine provisorische Kapelle eröffnet. Gerangel gibt es auch um Eintrittsgebühren für die Parkanlagen, gegen die sich die Potsdamer bisher mit Erfolg wehrten.

Potsdam ist international bekannt, denn Deutschlands Hauptstadt Berlin ist nur einen Katzensprung entfernt, und wenn ausländischen Staats- und Regierungschefs etwas Besonderes geboten werden soll, fährt man mit ihnen in die nahe Havelstadt. Sogar Weltgeschichte wurde hier geschrieben: Nach dem Zweiten Weltkrieg trafen sich die Staatschefs der Siegermächte im Schloss Cecilienhof, um die europäische Nachkriegsordnung zu beschließen. Als „Potsdamer Abkommen" ist das Dokument in die

AUFTAKT

Heiße Stuntshows und Originalkulissen aus Kinoklassikern: Filmpark Babelsberg

Geschichtsbücher eingezogen. Auch die Glienicker Brücke ist weltbekannt. Während des Kalten Kriegs tauschte man hier Agenten zwischen Ost und West aus, die Fernsehbilder gingen rund um den Globus.

Ganz andere Bilder sind in der Filmstadt Babelsberg entstanden, wo die legendäre Ufa Filme produzierte, die Generationen begeisterten, so 1929 den ersten vollständigen deutschen Tonfilm und 1941 den ersten abendfüllenden deutschen Farbfilm „Frauen sind doch bessere Diplomaten". Zu DDR-Zeiten drehte die Defa in der Filmstadt, ihre Stars waren die bald auch im Westen bekannten Regisseure Frank Beyer, Heiner Carow, Konrad Wolf und die Schauspieler Annekathrin Bürger, Angelica Domröse und Manfred Krug. Heute trifft sich Hollywood in Babelsberg. Zu den jüngeren, teils Oscar-gekrönten Produktionen zählen „The Ghostwriter" und „Der Pianist" unter der Regie von Roman Polanski, „Inglourious Basterds" mit den Hollywood-Stars Brad Pitt und Diane Kruger und „Der Vorleser" mit Kate Winslet in der Hauptrolle. Seit Ende des Zweiten Weltkriegs sind in den Babelsberger Ateliers mehr als 1200 Kino- und Fernsehfilme entstanden, und ständig kommen neue dazu.

> **Heute trifft sich Hollywood in Babelsberg**

„Wenn Sie diese Stadt sehen, wird sie Ihnen gefallen", soll Friedrich der Große selbstbewusst ausgerufen haben. Niemand hat ihm bis heute widersprochen. Und Jauch, Joop & Co. hätten sich wohl kaum ihr Zuhause in Potsdam eingerichtet, wären sie nicht auch der Meinung: Potsdam ist eine lebens- und liebenswerte Stadt, eine der schönsten Deutschlands.

IM TREND

1 Fotokunst

Abgelichtet Steffen Mühle macht mehr als Fotos: Er arrangiert, verfremdet, collagiert und erschafft so ganz eigene Kunst *(www.steffen-mühle.de)*. Zu sehen sind seine Arbeiten in der Galerie *Kunst-Kontor (Bertinistr. 16b | www.kunst-kontor-sehmsdorf.de)*. Weitere gute Fotokunstadressen in der Stadt sind *Kunstraum Potsdam (Schiffbauergasse 6 | www.kunstraumpotsdam.de)* und die *Galerie Ruhnke (Charlottenstr. 122 | www.galerie-ruhnke.de) (Foto)*.

Am See

2

Beachlife Loungen an den Potsdamer „Meeren" ist beliebt wie nie. In und rund um die Stadt wartet die Abkühlung in Strandbädern. Allerdings ist Wasser nicht alles. Im *Seebad Caputh (Weg zum Strandbad 1 | www.seebad-caputh.de) (Foto)* kühlt man sich ebenso gut an der Cocktailbar ab, im *Stadtbad Park Babelsberg (Am Babelsberger Park 2)* am Tiefen See erfrischen sich auch die Promis nach dem Dreh. Südseelaune herrscht ebenfalls in der *Sand-Bar Potsdam (Breite Str. 24 | www.sandbar-potsdam.de)*.

Modisches Mittel

3

Im Viertel Nach Szene sieht die Mittelstraße im Holländischen Viertel auf den ersten Blick gar nicht aus. Hinter den weißen Fensterläden pocht aber das modische Herz der Stadt. Auf zwei Etagen versorgt Wencke Beckmann Trendsetter mit kleidsamem Nachschub: *M-45 Fashion Lounge (Nr. 12a) (Foto)*. In der *Modegalerie (Nr. 27 | www.modegalerie-potsdam.de)* trifft deutsche und dänische Schneiderkunst auf Goldschmiedehandwerk. Und bei *Herrn Knuth (Nr. 38)* gibt es sowohl elegante als auch lässige Herrenmode – und zu beidem das passende Schuhwerk.

In Potsdam gibt es viel Neues zu entdecken. Das Spannendste auf dieser Seite

Unter Wasserratten

4

Nasser Sport   Potsdam ist bekannt für seine vielen Gewässer. Dass das auch sportliche Früchte trägt, ist klar. Auf Seen und Kanälen geht es im Sommer zur Sache. Beispielsweise bei den *Potsdamer Wasserspielen (Am Luftschiffhafen 2 | www.potsdamer-wasserspiele.de)*. Bei der Veranstaltung tummeln sich nicht nur Kanus und Kajaks auf dem Wasser, auch Drachenboote nehmen teil. Es gibt Wettrennen und Wasserpoloturniere und natürlich eine große „Wasserschlacht", Musik und Imbissstände. Zu den Favoriten gehört jedes Jahr aufs Neue der *Kanu Club Potsdam (www.kcpotsdam.de)*. Ein weiteres Highlight ist der *Kanalsprint (Yorckstraße | Kanalabschnitt Stadtschloss bis Garnisonkirche | www.kanalsprint-potsdam.de) (Foto)*, der Kanuten aus ganz Deutschland nach Potsdam lockt.

Auf dem Teller

5

Bio und fleischlos   Lernen Sie Brandenburgs grünes Herz auf einer ✿ *Biotour (www.bio-berlin-brandenburg.de)* kennen und treffen Sie u. a. den „Kürbiskönig" Thomas Syring. Auf seinem Hof *(Trebbiner Str. 69f | Zauchwitz | www.beelitzerkuerbis.de)* züchtet er mehr als 50 Kürbissorten – in Bioqualität, die zur Herstellung von hochwertigem Beelitzer Kürbiskernöl sowie weiterer Kürbiskernspezialitäten verwendet werden. Davon wandert vielleicht auch der eine oder andere in die köstlichen Quiches des ✿ *Café Kieselstein (Trebbiner Str. 69f | www.beelitzerkuerbis.de)*. Das Tageslokal ist bekannt für seine vegetarische Bioküche. Im ✿ *Labsal (Geschwister-Scholl-Str. 85 | www.labsal-potsdam.de) (Foto)* gibt es hausgebackenen Kuchen wie von Oma und dazu noch leckere Antipasti.

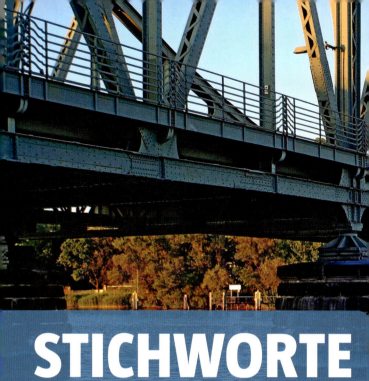

STICHWORTE

DER ALTE FRITZ

Könige und Kaiser hat Potsdam viele gesehen, doch am berühmtesten ist wohl der zynische und im späteren Alter kauzige Friedrich II., der Große, auch der „Alte Fritz" genannt. Wohl bekannt ist sein üblicher Tagesablauf: Im Sommer stand der König um 5 Uhr auf, im Winter gegen 6 Uhr. Ein Lakai half ihm beim Ankleiden und rasierte ihn. Bis zur Abnahme der Parade um 11 Uhr bearbeitete er Schreiben von Ministern und Behörden. Notierte der König etwas, geschah es meist in fehlerhafter Orthografie, denn Deutsch beherrschte er im Gegensatz zum Französischen relativ schlecht. Nach dem Mittagessen kam ein Vorleser, gegen 19 Uhr begann meist ein kleines Konzert, bei dem der Alte Fritz Flöte spielte, danach folgte das Abendessen mit Gästen. Seine Gemahlin oder gar andere Frauen nahmen daran nicht teil. Friedrich II. besaß im Gegensatz zu vielen anderen Monarchen keine Mätresse.

DIE LANGEN KERLS

Mit klingendem Spiel marschierte Potsdams Traditionstruppe schon in vielen Teilen der Welt, um für ihre Stadt zu werben. Schauparaden der Langen Kerls fanden in Paris, Brüssel, Tokio und New York großen Anklang. Beim Schauexerzieren in Potsdam kam es dagegen in der Vergangenheit immer wieder zu Störungen durch die „Kampagne gegen Wehrpflicht", die die Veranstaltungen als Verherrlichung des preußischen Militarismus kritisiert. Die Garde – nach dem Zusam-

18 Bild: Glienicker Brücke

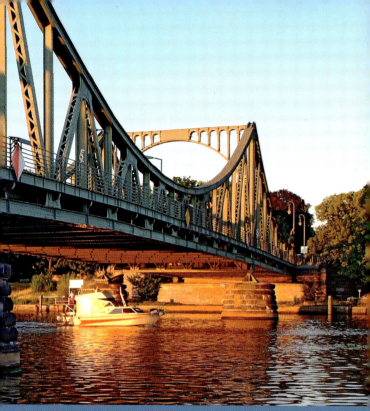

Vielfalt in der Kulturstadt: Hier treffen Sie auf engagierte, berühmte, seltsame und großzügige Menschen sowie auf viel Natur

menbruch der DDR als Traditionsverein wiederauferstanden – hat als Aufnahmebedingung, dass mindestens das Gardemaß von sechs Preußischen Fuß an die Messlatte gebracht wird, also 1,88 m. Mit den hohen Mützen sind die Langen Kerls dann über 2,40 m groß. Sie waren die Vorzeigetruppe des Soldatenkönigs Friedrich Wilhelm I. In aller Herren Länder waren seine Werber unterwegs, um mit List und Tücke überdurchschnittlich große junge Männer nach Potsdam zu holen. Rekordhalter war mit 2,17 m der Ire James Kirkland. Am 22. Juni 1740 präsentierten die „echten" Langen Kerls zum letzten Mal das Gewehr zu Ehren ihres verstorbenen Königs. Sein Nachfolger löste das Regiment auf.

GLIENICKER BRÜCKE

In den Zeiten des Kalten Kriegs war die Brücke oft in den Medien vertreten, denn hier wurden Agenten ausgetauscht. Ihre geopolitische Lage ist einzigartig: Der westliche Brückenteil gehörte zum „Osten" (DDR-Bezirk Potsdam, heute

Im Sommer zeigt sich die Freundschaftsinsel in einem farbenfrohen Blütenmeer

Land Brandenburg), der östliche zum „Westen" (West-Berlin, heute Hauptstadt Deutschlands). Rund 150 Agenten und Dissidenten schritten in den Jahren des Kalten Kriegs über die Glienicker Brücke. 1962 tauschte man beispielsweise hier den einige Jahre zuvor über der Sowjetunion abgeschossenen Hauptmann der US-Luftwaffe Francis Gary Power, der für die CIA geflogen war, gegen den in den USA verurteilten Ost-Spion Oberst Rudolf Abel aus. Am 10. November 1989 war die Brücke nach Jahrzehnten wieder für alle Bürger frei betretbar, bis dahin durften sie nur Angehörige der alliierten Besatzungsmächte passieren.

GRÜNES POTSDAM

Die reizvolle Parklandschaft und das viele Wasser wecken bei vielen Gästen das Umweltbewusstsein. So zahlen die meisten den freiwilligen Parkeintritt, damit das Grün gepflegt und erhalten werden kann. Die Potsdamer Restaurants leisten zunehmend auch ihren Beitrag, kochen immer mehr mit frischen regionalen Produkten und nutzen die einheimischen Ressourcen. Einige Bäckereien haben sich dem „Slowbaking", dem „Backen mit Zeit für Geschmack", verschrieben, sie verwenden ausschließlich Biomehl für Biobrot, Biobrötchen und Biokuchen. Markenzeichen der Slow-Bewegung ist eine symbolisierte Schnecke.

KULTURERBE-SIEGEL

Die Villa Schöningen darf sich, wie auch die wenige Meter entfernte Glienicker Brücke und das Schloss Cecilienhof, mit dem Europäischen Kulturerbe-Siegel schmücken. Das Schild mit dem fünfzackigen Stern auf azurblauem Grund fällt auf. Dieses durften sich im Jahr 2011 zwölf zum Netzwerk „Eiserner Vorhang" gehörende Stätten anschrauben, die symbolisch für Entstehung, Existenz und Überwindung von Mauer und Stacheldraht stehen. Im Gegensatz zur Welt-

STICHWORTE

erbeliste der Unesco geht es bei dieser Auszeichnung nicht um die ästhetische oder architektonische Qualität, sondern um die Bedeutung der Stätten, die sie für die Geschichte und den Aufbau der Europäischen Union spielen.

LUISE – KÖNIGIN DER HERZEN

Der Kult um Königin Luise (1776–1810) ist nicht nur in Potsdam groß. Die aus dem Hause Mecklenburg-Strelitz stammende Prinzessin wurde als Königin von Preußen zu einem europäischen Mythos weiblicher Schönheit, Klugheit und Warmherzigkeit hochstilisiert. Mit gerade 18 Jahren heiratete sie Friedrich Wilhelm III. und gebar ihm zehn Kinder. In Berlin hatte sie sich über alle Hofkonventionen hinweggesetzt und auf diese Weise die Herzen der einfachen Menschen gewonnen. Sie traf mit großen Männern ihrer Zeit zusammen, mit Goethe, Kleist, Humboldt, ebenso mit Zar Alexander, mit dem sie einen schwärmerischen Briefwechsel unterhielt, und mit Kaiser Napoleon. Bei einem Besuch ihres Vaters auf Schloss Hohenzieritz erkrankte sie. Als den König die Nachricht in Schloss Sanssouci erreichte, eilte er sofort mit seinen beiden Söhnen nach Mecklenburg. Am 19. Juli morgens gegen fünf Uhr traf er in Hohenzieritz ein, ein letztes Mal konnte er seine Luise in die Arme nehmen. Ihr Tod war die Geburtsstunde einer Legende der „Königin der Herzen", die in Bildern, Büsten und zahllosen Büchern überliefert ist.

MEDIENSTANDORT

Mehr als 5000 Menschen sind in der Medienwirtschaft tätig, denn Potsdam gehört zu den modernsten Standorten in Deutschland. Die Tradition begann nach 1911, als Babelsberg mit seinen Filmproduktionen zu Ruhm in Europa gelangte. Waren die Studios bis 1990 ausschließlich ein internationaler Produktionsstandort für den klassischen Kinofilm, so gehört heute eine florierende Multimediabranche dazu. In Babelsberg haben auch der Rundfunk Berlin-Brandenburg, das Studio Babelsberg

POTSDAM SPORTLICH

Wenn die 1. Mannschaft von Turbine Potsdam im „Karli" aufläuft, wie man hier das Karl-Liebknecht-Stadion im Ortsteil Babelsberg nennt, dann sind die Ränge gefüllt und die Fans jubeln *(Tel. 0331 9 513841 | www.ffc-turbine.de)*. Seit fast vier Jahrzehnten wird in Potsdam Frauenfußball gespielt, die 1. Mannschaft des FFC Turbine wurde mehrfach – so auch 2010, 2011 und 2012 – Deutscher Meister, UEFA-Cup-Sieger 2005, DFB-Pokal-Sieger 2004, 2005 sowie 2006 und gewann 2010 auch die erste Champions League des Frauenfußballs.

Aber nicht nur der Frauenfußball liefert Schlagzeilen. Den Leistungssport in Potsdam prägen auch zahlreiche Weltmeister und Olympiasieger wie die Kanuten Sebastian Brendel, Franziska Weber und Katrin Wagner-Augustin. Zentrum ist der Sport- und Freizeitpark Luftschiffhafen mit dem Olympiastützpunkt Potsdam. Die Schwimmer trainieren in der Schwimmhalle des Sportgeländes, die Kanuten sind beim Training und bei Regatten auf der Havel und dem Templiner See zu erleben *(www. osppotsdam.de)*.

der Ufa-Produktionsgruppe sowie das Deutsche Rundfunkarchiv ihren Sitz, der Nachlassverwalter des Programm- und Pressearchivs des DDR-Fernsehens und -Hörfunks. Rund 500 Studenten sind an der Hochschule für Film und Fernsehen „Konrad Wolf" immatrikuliert.

PARK MIT EINTRITT?

Proteste entfachte der Vorschlag der Schlösserstiftung, das Betreten des Schlossparks Sanssouci kostenpflichtig zu machen, 2 Euro sollte jeder zur Hochsaison von Ostern bis Oktober entrichten oder eine Jahreskarte von 12 Euro erwerben. Zugleich sollte – um Kassenpersonal zu sparen – die Zahl der Parkeingänge von 25 auf elf reduziert werden. Von dem Eintritt versprach sich die Stiftung Einnahmen von bis zu 5 Mio. Euro im Jahr, die man in die Pflege der Parks investieren wollte. So fehlten gegenwärtig 31 Gärtner, weil kein Geld für sie vorhanden ist, sagt die Stiftung. Doch die Potsdamer gingen auf die Barrikaden, mit Erfolg. Die Stadt zahlt jährlich 1 Mio. Euro an die Stiftung, damit ist der Parkeintritt (vorerst) vom Tisch.

PROMISTADT

Zahlreiche Prominente haben Potsdam zum Wohnsitz gewählt, und die Stadt schmückt sich gern mit deren Namen – auch, weil sie sich für Potsdam engagieren. Fernsehmoderator Günther Jauch beispielsweise stiftete 3 Mio. Euro für das Fortunaportal des Stadtschlosses und der Software-Entwickler Hasso Plattner sogar 20 Mio. Euro für die Wiederherstellung der Fassade des Stadtschlosses. In den noblen Villen Potsdams wohnen auch Modedesigner Wolfgang Joop, die Verlegerwitwe Friede Springer, Springer-Chef Mathias Döpfner, der

BÜCHER & FILME

▶ **Königsblau, Rabenschwarz, Kristallklar, Glutorange** – Das sind vier Buchtitel von bisher zwölf in der Serie der sogenannten „Preußenkrimis" von Tom Wolf, in denen sich fiktive Abenteuer mit historischen Fakten mischen. Honoré de Langustier, Hofküchenmeister aus dem Elsass in Diensten Friedrich II., klärt nebenbei Morde auf. Inzwischen wurden einige Bücher auch vertont und als Theaterstück aufgeführt

▶ **Sanssouci** – Rätselhaft, spannend und oft bitterböse: Die ostdeutsche Provinzstadt Potsdam steht im Zentrum von Andreas Maiers 2009 erschienenen Roman um den Filmregisseur Max Hornung

▶ **Potsdam wiederentdeckt** – Acht historische Filme mit bisher unveröffentlichten Aufnahmen, entstanden zwischen 1910 und 1959, bieten eine einzigartige Geschichtsreise durch die Architekturgeschichte Potsdams. Zu bestellen unter *www.filmschaetze-potsdam.de*

▶ **Die Welle** – Eine Projektwoche zum Thema „Staatsformen" gerät außer Kontrolle. Wichtige Szenen dieses durchaus umstrittenen Films von 2008 unter der Regie von Dennis Gansel wurden in Potsdam gedreht, u. a. in der Speicherstadt und um die Nikolaikirche. In den Hauptrollen Jürgen Vogel und Christiane Paul

STICHWORTE

Wie auch die Alexander-Newski-Kapelle stehen über 150 Bauwerke Potsdams unter Unescoschutz

Fernsehjournalist Ulrich Meyer und die Schauspielerin Nadja Uhl.

STATISTISCHES

Potsdam, Hauptstadt des Bundeslands Brandenburg, besitzt rund 159 000 Einwohner, die Fläche beträgt 187,5 km². Oberbürgermeister ist Jann Jakobs (SPD), die Linke mit 17 Abgeordneten die stärkste Fraktion, gefolgt von der der SPD mit 15. Höchste Erhebungen sind die Ravensberge mit 116 m, der Telegrafenberg mit 80 m und der Pfingstberg mit 76 m. Potsdam ist nicht nur eine Stadt der Kultur, sondern auch eine Stadt der Wissenschaft und Forschung. Mehr als 30 wissenschaftliche Einrichtungen sind in der Stadt und ihrem unmittelbaren Umland tätig. Neben den drei Hochschulen haben sich das Hasso-Plattner-Institut für Softwaresystemtechnik sowie die Forschungsstelle des Alfred-Wegener-Instituts für Polar- und Meeresforschung überregionalen Ruf erworben.

UNESCO-WELTERBE

Das in Jahrhunderten längs der Havel entstandene Gesamtkunstwerk aus Schlössern und Gärten hat die Unesco auf die Welterbeliste gesetzt. Der Ensemble-Charakter, wie es in der Begründung heißt, ist die Besonderheit dieser Anlagen. Die Parks Sanssouci, Neuer Garten und Babelsberg, Schloss und Park Sacrow mit der Heilandskirche sowie die zu Berlin gehörende Pfaueninsel und Glienicke mit seinen Schlössern wurden 1990 unter den Schutz der Unesco gestellt. Im Jahr 1999 kamen weitere 14 Denkmalbereiche hinzu, darunter die Russische Kolonie Alexandrowka und der Pfingstberg mit dem Belvedere.

23

DER PERFEKTE TAG
Potsdam in 24 Stunden

08:30 HOLLÄNDISCHES IDYLL

Im *Café Heider* → S. 63 beginnt der perfekte Tag: Mit einem guten Frühstück und einem Blick in die aushängenden Tageszeitungen. Raustreten aus der Tür und links oder rechts herumlaufen, überall stehen rote Backsteinhäuser, rund 150 davon gehören zum *Holländischen Viertel* → S. 44. Amsterdam lässt grüßen! Hier oder auf Potsdams Shoppingmeile *Brandenburger Straße* → S. 68 (Foto li.) schnell noch nach einem Mitbringsel Ausschau halten, gekauft wird später. Dann geht es zum wuchtigen *Brandenburger Tor* → S. 41. Halten Sie sich rechts, gelangen Sie an das Grüne Gitter – und hinein geht es in den Park von Sanssouci.

09:30 FRIEDRICHS SOMMERDOMIZIL

Nach den ersten Schritten anhalten, durchatmen und dem Vogelgezwitscher lauschen: Sie sind im berühmten Park von Sanssouci! Am *Chinesischen Teehaus* → S. 30 leuchten die vergoldeten lebensgroßen Figuren in der Sonne – ein schönes Fotomotiv! Weiter geht es zum *Orangerieschloss* → S. 33 und hoch auf den Turm. Mancher möchte gar nicht wieder hinuntersteigen, weil ihn die Aussicht über die Orangerieterrassen und in den Park Sanssouci so begeistert. Dann haben Sie es endlich vor sich: *Schloss Sanssouci* → S. 35, die Sommerresidenz von Friedrich dem Großen. Hier scheint sich die Welt zu treffen, und Sie sind mittendrin. Besorgen Sie sich rasch eine Eintrittskarte, bevor alle vergriffen sind, und überbrücken Sie die Zeit bis zur Besichtigung auf dem Ehrenhof, von dem Sie zum 600 m entfernten Ruinenberg mit dem *Normannischen Turm* → S. 51 blicken können. Den hatte König Friedrich Wilhelm IV. für sich als Aussichtsturm errichten lassen.

12:30 MITTAGS IN RUSSLAND

13 Holzhäuser und eine Kirche bilden die *Russische Kolonie Alexandrowka* → S. 52: ein kleines Stück Russland mitten in Potsdam. Jetzt haben Sie sich aber eine Pause verdient. Genießen Sie im *Russischen Restaurant* → S. 66 die russische Sauerkrautsuppe *schtschi, sibirski pelmeni* oder auch nur einen kräftigen Tee aus dem Samowar (Foto re.). Gemächlich geht es weiter, denn bis zum *Belvedere auf dem Pfingstberg* → S. 48 sind keine 1000 m zu laufen. „Potsdams schönste Aussicht", behaupten die Einheimischen. Sie werden ihnen hinterher vermutlich recht geben.

24   www.marcopolo.de/potsdam

Die schönsten Facetten von Potsdam kennenlernen – mittendrin, ganz entspannt und an einem Tag

14:30 LIEBLINGSORT VON FRIEDRICH WILHELM II.

Nächstes Ziel ist der Neue Garten mit dem *Marmorpalais* → S. 38. Doch zu internationalem Bekanntheitsgrad brachte es *Schloss Cecilienhof* → S. 38, weil hier 1945 die damals Mächtigen die europäische Nachkriegsordnung aushandelten. Den runden Tisch, extra in Moskau für das Treffen angefertigt, haben die Sowjets dagelassen. Selbst wenn die Beine vom Sightseeing noch so sehr schmerzen – hinsetzen ist nicht gestattet. Ehrfurchtsvoll stehen alle an diesem Ort von weltgeschichtlicher Bedeutung.

16:30 BRENNPUNKT IM „KALTEN KRIEG"

Der Bus 603 bringt Sie vom Schloss Cecilienhof zurück zum Zentrum und von dort die Straßenbahn 93 in die Berliner Vorstadt zur *Villa Schöningen* → S. 59 (Foto) – Sportliche joggen den schönen Weg am Wasser entlang über die Schwanenbrücke. Die multimediale Ausstellung in der schmucken Villa lässt die schreckliche Zeit der deutsch-deutschen Teilung nicht vergessen. Wenn Sie aus der Villa treten, haben Sie die *Glienicker Brücke* → S. 19 vor sich. Durch spektakuläre Agentenaustausche kam sie zu internationalem Ruhm. Von der Brücke können Sie den Blick weit über die Havel zum Schlosspark Sacrow mit der Heilandskirche schweifen lassen.

18:30 UND ABENDS INS THEATERSCHIFF

In der *Schiffbauergasse* → S. 46, 72 trifft eine lebendige Kunst- und Kulturszene auf innovative Unternehmen – ein guter Ort für einen Snack oder ein Eis mit Blick über den Tiefen See zum Park Babelsberg. Die Berliner Straße führt Sie danach ins Zentrum zum *Theaterschiff* → S. 75 an der Alten Fahrt, das stets abwechslungsreiche, spannende Aufführungen bietet. Wohin nach der Vorstellung? Warum nicht dorthin, wo der Tag begonnen hat? Also ab ins Holländische Viertel in das beliebte Bier- und Weinlokal *Hohle Birne* → S. 74.

Straßenbahn zum Startpunkt: 92, 96, Haltestelle: Nauener Tor
Tipp: 10 Uhr zum Ticketkauf am Schloss Sanssouci sein (Eintritte sind begrenzt)

SEHENSWERTES

WOHIN ZUERST?
Ins **Holländische Viertel (115 E2)** *(G5)*. Am besten nehmen Sie vom Hauptbahnhof die Schlösserlinie 695 und fahren Sie nach einem ersten Eindruck weiter zum Schloss Sanssouci. Das Auto können Sie in einem der beiden Bahnhofspassagen-Parkhäuser abstellen oder Sie fahren zur Tiefgarage Luisenplatz, von der Sie in 5 Min. den Park Sanssouci erreichen.

Für Potsdam sollten Sie sich genügend Zeit nehmen! Die Innenstadt von Brandenburgs Landeshauptstadt, klein und überschaubar, haben Sie rasch erlaufen, aber die Havelstadt bietet bedeutend mehr.

Die einstige Zweitresidenz der Hohenzollernkönige schmückt sich mit einem der größten Park- und Schlossensembles Europas. Den besten Überblick bietet eine Stadtrundfahrt mit dem Bus. Spannend ist Sightseeing auch vom Wasser aus, schließlich ist Potsdam von Seen umkränzt. Kilometerlange Wege führen in den drei großen Parks zu herrlichen Schlössern, deren Türen sich zu prunkvollen Räumen öffnen. Achtung: Wegen anstehender Sanierungsarbeiten kann es zu vorübergehenden Schließungen von einzelnen Einrichtungen kommen.

Wenn Sie nur für einen Tag in der Stadt sind, dann entgeht Ihnen vermutlich vieles – darunter auch die reizvolle Umge-

26 Bild: Nauener Tor

Parks, Schlösser und viel Kunst: Berühmte Baumeister, Landschaftsgestalter und Bildhauer haben Meisterhaftes geschaffen

bung. Aber seien Sie gewiss: Potsdam ist immer eine zweite Reise wert.

PARK SANSSOUCI

(118–119) (*m C–E 5–6*) **Wer nach Potsdam kommt, eilt in den meisten Fällen zuerst zum ⭐ Park Sanssouci.**
Das weltberühmte dortige Schloss samt der Parkanlagen nicht besucht zu haben bedeutet für viele, nicht in Potsdam gewesen zu sein. Vom Eingang am *Grünen Gitter* (1850) halten Sie sich nördlich. Ist die *Große Fontäne* erreicht, sehen Sie das weltbekannte Ziel aller Besucher: das auf dem Weinberg stehende *Schloss Sanssouci*. Doch der Park, Potsdams Hauptanziehungspunkt, birgt weit mehr als nur das Sommerdomizil von Friedrich II. Dutzende von Bauwerken, Fontänen und Skulpturen sind hier versammelt, Natur, Schlösser und kleinere Bauten vereinen sich zu einem einzigartigen Kunstwerk.

27

PARK SANSSOUCI

Die Karte zeigt die Einteilung der interessantesten Stadtviertel. Bei jedem Viertel finden Sie eine Detailkarte, in der alle beschriebenen Sehenswürdigkeiten mit einer Nummer verzeichnet sind

In der von Peter Joseph Lenné gestalteten, 2,9 km² großen Parkanlage ist die 2,5 km lange Hauptallee, die sich zu Rondellen mit Fontänen und Skulpturen weitet und alle Parkbereiche zusammenfasst, das zentrale Element.

■ **1 BILDERGALERIE** ● (119 F3) (*E5*)
Friedrich II. hatte in Europa Bilder einkaufen lassen, doch als er sie in der *Kleinen Galerie* in Schloss Sanssouci aufhängen wollte, stellte er fest: Das Schloss ist zu klein. So entstand östlich hiervon in der Nachbarschaft die Bildergalerie – das erste außerhalb eines Schlosses befindliche Museumsgebäude Europas zur Aufbewahrung einer Gemäldesammlung. Der lang gestreckte Bau (1755–63) lässt von außen den prachtvollen Innenraum nicht erahnen, der zu den schönsten Museumsräumen Deutschlands gehört. In ihm hängen wie zu Zeiten Friedrichs II. 134 Gemälde in dichter Reihung übereinander.

Im westlichen Flügel befinden sich die Werke flämischer und holländischer Meister, im Ostflügel hängen die Gemälde italienischer und französischer Künstler, im Kuppelbau und im kleinen Kabinett Bilder von Künstlern verschiedener Schulen.

Glanzpunkt der Gemäldegalerie ist „Der ungläubige Thomas" des Italieners Caravaggio. Potsdam besitzt das Original des weltbekannten Bilds, von dem es viele Kopien gibt. Nicht minder wertvoll sind

SEHENSWERTES

„Die vier Evangelisten" von Peter Paul Rubens, die seit 1763 in der Galerie hängen, sowie Anton van Dycks „Pfingsten". *Mai–Okt. Di–So 10–18 Uhr | Park Sansscouci | Bus 695, X15*

▪2 BOTANISCHER GARTEN
(118 C3) (*D5*)

Ein faszinierendes Museum der Natur am Rand vom Park Sanssouci! Im *Nutzpflanzenhaus* wächst die Papyrusstaude, aus deren Stängelmark die Ägypter vor 5000 Jahren Papier hergestellt haben. Der auf Java beheimatete Riesenbambus im Palmenhaus kann am Tag bis zu einem halben Meter in die Höhe schießen. Magische Anziehungskraft auf Besucher haben die Früchte der riesigen Bananenstauden. Es lohnt aber nicht, in einem unbeaufsichtigten Moment danach zu greifen – sie sind ungenießbar, im Inneren fast völlig von Samen ausge-

füllt. Interessant ist auch das *Sukkulentenhaus,* in dem 400 verschiedene Kakteenarten kultiviert werden.

Insgesamt sind in den Schauhäusern 4300 tropische und subtropische Pflanzen zu sehen, im neuen *Palmenhaus* wachsen etwa 20 verschiedene Palmenarten aus allen Kontinenten. Und in den Freilandanlagen gedeihen nochmals rund 5000 Pflanzenarten.

Eine wahre Augenweide bietet der **INSIDER TIPP** ►Rhododendronhang: Die Blütezeit dauert von März bis Mitte Juni. Der heute zur Universität Potsdam gehörende Botanische Garten ging aus dem „Terrassenquartier" der Hofgärtnerei von Sanssouci hervor. *Gewächshäuser: April–Sept. tgl. 9.30–17, Okt.–März 9.30–16 Uhr, Freilandanlagen: ganzjährig ab 8 Uhr bis Sonnenuntergang | Maulbeerallee 2 | www.uni-potsdam.de/ botanischer-garten | Bus 695*

MARCO POLO HIGHLIGHTS

★ **Park Sanssouci**
Potsdams größter Besuchermagnet
→ S. 27

★ **Neues Palais**
Mehr als 200 Repräsentations- und Wohnräume → S. 32

★ **Schloss Sanssouci**
Das berühmte Sommerschloss Friedrichs II. auf dem Weinberg → S. 35

★ **Marmorpalais**
Lieblingsschloss von Friedrich Wilhelm II. mit orientalischem Zeltzimmer → S. 38

★ **Schloss Cecilienhof**
Hier besiegelten Truman, Attlee und Stalin die Teilung Deutschlands
→ S. 38

★ **Holländisches Viertel**
„Klein-Amsterdam" für holländische Handwerker mit vielen kleinen Läden
→ S. 44

★ **Biosphäre Potsdam**
Tropengarten mit heißer Dschungelatmosphäre → S. 50

★ **Krongut Bornstedt**
Regionale Produkte zum Verzehren und Verschenken → S. 51

★ **Russische Kolonie Alexandrowka**
Ein russisches Dorf mitten in Potsdam
→ S. 52

★ **Filmpark Babelsberg**
Einst Europas größte Traumfabrik, heute ein Erlebnispark mit Liveshows und 4-D-Actionkino → S. 57

29

PARK SANSSOUCI

3 CHINESISCHES TEEHAUS (119 D4) (*m* D5)

Das Chinesische Haus (1754–1857) schmücken vergoldete, lebensgroße Chinesenfiguren, die zu den Hauptleistungen des friderizianischen Rokoko zählen. Wer genau hinschaut, wird aber feststellen, dass es sich nicht um Chinesen, sondern um theatralisch verkleidete, langnasige Europäer handelt.

Im Inneren des prachtvollen Hauses wird japanisches und chinesisches Porzellan gezeigt. Zu den ältesten Stücken gehört eine Schale mit blauer Unterglasmalerei aus der späten Ming-Dynastie (16./17. Jh.), zu sehen im untersten Fach des linken Kabinetts. Der freundlich lächelnde Dickbauchbuddha in der Etagère I stammt aus der berühmten Meißner Porzellanmanufaktur, 1762 wurde er gefertigt. *Mai–Okt. Di–So 10–18 Uhr | Park Sanssouci | Straßenbahn 91, 94 | Bus 605, 606*

4 FRIEDENSKIRCHE (119 F4) (*m* E5)

Friedrich Wilhelm IV. besaß eine Vorliebe für italienische Architektur. Da verwundert es nicht, wenn die Friedenskirche (1844–54) nach dem Vorbild der römischen Basilika San Clemente erbaut werden musste. Für den Glockenturm daneben stand der Campanile von Santa Maria di Cosmedin in Rom Pate. Da sich die Kirche im Wasser spiegeln sollte, ließ der König vor ihr den Friedensteich anlegen. Das schöne, 900 Jahre alte Mosaik in der Apsis stammt von der Insel Murano bei Venedig. Es ist neben dem ravennatischen Mosaik auf der Berliner Museumsinsel das einzige originale italienisch-byzantinische Mosaik nördlich der Alpen. In der zugänglichen Gruft

Die große Chinamode des Rokoko inspirierte Friedrich II. zu seinem Chinesischen Haus

www.marcopolo.de/potsdam

SEHENSWERTES

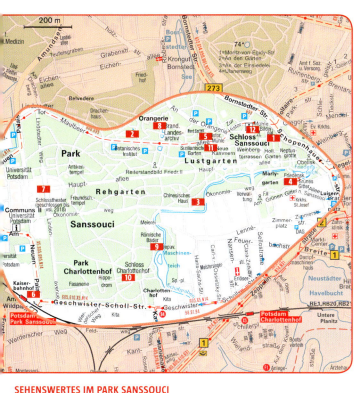

SEHENSWERTES IM PARK SANSSOUCI

- **1** Bildergalerie
- **2** Botanischer Garten
- **3** Chinesisches Teehaus
- **4** Friedenskirche
- **5** Historische Mühle
- **6** Kaiserbahnhof
- **7** Neues Palais
- **8** Orangerieschloss
- **9** Römische Bäder
- **10** Schloss Charlottenhof
- **11** Schloss Neue Kammern
- **12** Schloss Sanssouci

unter dem Altar ruhen der 1861 verstorbene Bauherr und seine 1873 verstorbene Gemahlin Elisabeth Luise, im Mausoleum der 99-Tage-Kaiser Friedrich III. und seine Gemahlin Viktoria. 1991 fand hier auch der von der Stammburg der Hohenzollern gemeinsam mit Friedrich II. nach Potsdam überführte Friedrich Wilhelm I. seine letzte Ruhestätte. Jeden Dienstag, 15 Uhr  kostenlose Orgelmusik, anschließend Orgelführung. *Mai–Sept. Mo–Sa 10–18, So 12–18, Mitte–Ende April, Anfang–Mitte Okt. Mo–Sa 11–17, So 12–17, Mitte Okt.–Mitte April Sa 11–16, So 11.30–16 Uhr | Park Sanssouci | Am Grünen Gitter 3 | www.evkirchepotsdam.de | Bus 606, 612, 614, X15*

5 HISTORISCHE MÜHLE
(119 E3) (*E5*)

Seit 1993 dreht sich wieder das mächtige Flügelkreuz der Windmühle von Sanssouci, die 1945 abgebrannt war. Außen wie innen gleicht das neu errichtete Bauwerk

31

PARK SANSSOUCI

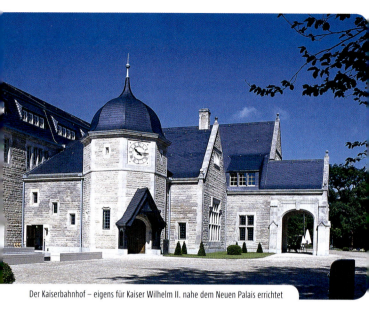

Der Kaiserbahnhof – eigens für Kaiser Wilhelm II. nahe dem Neuen Palais errichtet

seiner Vorgängerin von 1790, die bis 1861 arbeitete. Danach ging die Mühle in königlichen Besitz über und wurde Besichtigungsobjekt.

Auf drei Etagen gibt das *Mühlenmuseum* Einblick in die brandenburgische Mühlengeschichte. Zu besichtigen sind auch die zwei rekonstruierten Mahlgänge der Mühle. Von der **INSIDER TIPP Aussichtsplattform in 11 m Höhe** bietet sich ein weiter Blick. *April–Okt. tgl. 10–18, Nov., Jan.–März Sa/So 10–16 Uhr | Maulbeerallee 5/An der Orangerie | Bus 612, 695, X15*

6 KAISERBAHNHOF
(118 A5–6) (C6)

Im Oktober 1909 stieg Kaiser Wilhelm II. erstmals auf dem eigens für die kaiserliche Familie im englischen Landhausstil errichteten Privatbahnhof „Hofstation im Wildpark" aus, um zum nahen Neuen Palais weiterzufahren. Der Kaiserbahnhof mit seinen zwei stillgelegten Gleisen gehört zum heutigen Bahnhof Park Sanssouci. Der besitzt das einzig erhaltene Bahnhofsgebäude in Potsdam aus der frühen Zeit der preußischen Eisenbahnen, einen Fachwerkbau von 1869.

Die Deutsche Bahn nutzt das innen nicht zugängliche Weltkulturerbe als Akademie für ihre Führungskräfte. *Bus 605, 606, 695*

7 NEUES PALAIS ★ ●
(118 A3–4) (C5)

Das größte Bauwerk (1763–69) des 18. Jhs. im Park von Sanssouci besitzt mehr als zweihundert Räume. 428 Götter und Halbgötter, an denen zwölf Bildhauer und mehrere Dutzend Steinmetze sechs Jahre lang meißelten, zieren die Fassade. Unzählige Schnecken und Muscheln schmücken mit über 20 000 Mineralien und Versteinerungen den als Grotte gestalteten *Gartensaal*. Er ge-

SEHENSWERTES

hört zu den etwa 60 zu besichtigenden Räumen, die mit Möbeln, Porzellan und Kunsthandwerk ausgestattet sind. Die etwa 300 Gemälde im Neuen Palais haben vornehmlich italienische, niederländische und französische Künstler geschaffen. Hauptsaal des Schlosses war der *Marmorsaal* im Obergeschoss, gestaltet von Gontard. Die in Form und Gestalt französischen Spiegelgalerien ähnelnde *Marmorgalerie* im Erdgeschoss diente als Speisesaal. Im Südflügel ist die Wohnung von Friedrich II. zu besichtigen. Gewohnt hat der König jedoch kaum in dem Schloss, später wurde es meist als Gästewohnung für Festlichkeiten genutzt. Erst Kaiser Wilhelm I. wählte es wieder als einen bevorzugten Aufenthaltsort. Das *Schlosstheater* (1748) nimmt das gesamte erste und zweite Obergeschoss des südlichen Hauptflügels ein. 2012, zum 300. Geburtstag von Friedrich dem Großen, wurde das `INSIDER TIPP` Heckentheater am Neuen Palais wiederhergestellt, das 210 Personen Platz bietet und Kulissen aus Hainbuchen und einen amphitheatralisch ansteigenden Zuschauerraum besitzt. Es war nach 1763 angelegt worden, fand aber ab Mitte des 19. Jhs. keine Beachtung mehr. *Mi–Mo April–Okt. 10–18, Nov.–März 10–17 Uhr, Königswohnung April–Okt. So–Mi 10–18 Uhr nur mit Führung*

Um das Neue Palais sollten Sie einmal herumgehen, weil sich der Blick auf die *Communs* (1766–69) lohnt. In den beiden gewaltig wirkenden Bauwerken gegenüber der Ehrenhofseite befanden sich früher Küchen, Wirtschaftsräume und Dienstwohnungen. In den *Antikentempel* (1768) nördlich vom Neuen Palais, eine verkleinerte Nachbildung des Pantheons in Rom, luden die Könige bis 1830 zur Besichtigung ihrer Antikensammlung ein. Nachdem die jedoch ins Neue Museum nach Berlin gekommen war, wur-

de der Tempel Ruhestätte einiger Hohenzollern. So liegen hier die erste Gemahlin von Wilhelm II., Kaiserin Augusta Viktoria (verstorben 1921), und seine zweite Frau Hermine (verstorben 1947). *Bus 605, 606, 695*

8 ORANGERIESCHLOSS
(119 D3) (*M D5*)

Das 330 m lange Orangerieschloss (1850–64) entstand nach dem Vorbild italienischer Renaissancebauten. Der Raffaelsaal im Mittelbau hat viel Ähnlichkeit mit der Sala Regia im römischen Vatikan. In ihm sind 48 Kopien nach Gemälden des besonders in der ersten Hälfte des 19. Jhs. verehrten italienischen Renaissancemalers zu sehen. Die Gästezimmer, in denen die Könige von Italien und Rumänien sowie der Schah von Persien gewohnt haben, sind mit Gemälden, Plastiken und Kunsthandwerk ausgestattet, die vorwiegend von deutschen Künstlern aus der Mitte des 19. Jhs. stammen. Der Kamin im *Malachitzimmer* ist ein Geschenk des Zaren, seinen Namen bekam es von den zahlreichen aus Malachit gearbeiteten Gegenständen. Vom westlichen ☀ *Turm* des Schlosses geht der Blick weit über den Park zur Stadt.

Vor der Orangerie haben Sie den König vor sich, auf den die wunderschöne Parkanlage zurückgeht: Friedrich II. Das marmorne Reiterstandbild ist eine verkleinerte Nachbildung des bronzenen Denkmals von Christian Daniel Rauch, das in der Straße Unter den Linden in Berlin steht. *April Sa/So 10–18, Mai–Okt. Di–So 10–18 Uhr, nur mit Führung | An der Orangerie 3–5 | Bus 695, X15*

9 RÖMISCHE BÄDER
(118 C5) (*M D6*)

Die Römischen Bäder waren niemals Bäder, sondern dienten stets als museale Stätte. Das Bauensemble (1829–40)

33

PARK SANSSOUCI

an einem künstlich geschaffenen See, dem Maschinenteich, spiegelt die Italiensehnsucht des Bauherrn Friedrich Wilhelm IV. wider. Die gusseisernen Möbel und die malerische Ausstattung des Atriums stammen von Karl Friedrich Schinkel. Die große Wanne aus grünem Jaspis kam als Geschenk des russischen Zaren Nikolaus I. nach Potsdam. In den Fußboden des Bads ist das berühmte Alexandermosaik aus Pompeji als Kopie eingefügt. Es zeigt die Schlacht bei Issos im Jahr 333 v. Chr., in der die Griechen die Perser schlugen. In den Römischen Bädern finden überwiegend Sonderausstellungen der Schlösserstiftung statt. *Mai–Okt. Di–So 10–18 Uhr | Park Sanssouci | Straßenbahn 91, 94 | Bus 605, 606*

🔟 SCHLOSS CHARLOTTENHOF
(118 C5) (*D6*)

König Friedrich Wilhelm III. rief immer wieder zur Sparsamkeit auf: „Dass es auch ja billig käme", denn das Schloss sollte nur dem zeitweiligen Aufenthalt des Kronprinzen, des späteren Königs Friedrich Wilhelm IV., dienen. Was in den schlichten, bürgerlich-klassizistisch gestalteten Innenräumen steht, verdient das Attribut künstlerisch wertvoll. Vieles davon hat Schinkel entworfen, so die versilberten Möbel im Schreibkabinett der Kronprinzessin, den vergoldeten Prunktisch im Speiseraum und das Springbrunnenbecken im Vestibül.

Aus dem Rahmen fällt das mit weiß-blauem Markisenstoff abgespannte *Zeltzimmer*. Lange Zeit glaubte man, es sei dem Weltreisenden Alexander von Humboldt zugedacht gewesen. Humboldt hat, wie später Schinkel selbst und der Bildhauer Christian Daniel Rauch, zwar darin gewohnt, eingerichtet wurde es jedoch für die Hofdamen. *Mai–Okt. Di–So 10–18 Uhr, nur mit Führung | Park Sanssouci | Straßenbahn 91, 94 | Bus 605, 606*

1️⃣1️⃣ SCHLOSS NEUE KAMMERN
(119 E3) (*E5*)

Auf der östlichen Seite des Schlosses (1748) sind vier Säle und auf der westlichen Seite sieben Gästezimmer vorhanden. Glanzpunkt des Rokokoschlösschens ist der *Jaspissaal,* der seine Schönheit vom Kontrast des blassgrauen Marmors mit der lebhaften Zeichnung des braunroten Halbedelsteins Jaspis erhält. Im *Büfettsaal* dominiert das Prunkbüfett, allerdings nicht mehr mit Porzellan aus der Königlichen Porzellanmanufaktur Berlin. Im Zweiten Weltkrieg ging es verloren. Was heute darauf steht, hat die zeitgenössische Keramikerin Heidi Manthey entworfen.

Die Wände des *Ovidsaals* zieren vergoldete Stuckreliefs mit Darstellungen aus den „Metamorphosen" des antiken Dichters Ovid. Unter den insgesamt sieben Gästezimmern ragen zwei Intarsien- und Lackkabinette mit üppigem Blumendekor heraus. *April–Okt. Di–So 10–18 Uhr | Park Sanssouci | Bus 695, X15*

SEHENSWERTES

12 SCHLOSS SANSSOUCI ★ ●
(119 E3) (*M E5*)

Am 1. Mai 1747 weihte Friedrich II. das eingeschossige, lang gestreckte Schloss mit einem Bankett ein. Gedacht war es als seine Sommerresidenz, doch verbrachte er später hier die meiste Zeit des Jahres. Das heute weltberühmte Bauwerk ist reich mit Möbeln, Gemälden, Plastiken und Porzellan vorwiegend aus dem 18. Jh. ausgestattet. Als einer der schönsten Räume des deutschen Rokoko gilt das durch Spiegel optisch geweitete *Konzertzimmer,* in dem sich Malerei, Skulptur und Kunsthandwerk zu einem Gesamtbild verbinden. Dem Konzertzimmer schließt sich das *Empfangszimmer* an, in dem die Gäste auf die Audienz beim König zu warten hatten.

In der *Bibliothek,* die im Grundriss Friedrichs Arbeitszimmer im Schloss Rheinsberg folgt, werden 2200 Bücher in den Schränken aufbewahrt, die aus dem Potsdamer Stadtschloss stammen. Der König hatte alle seine Bibliotheken – beispielsweise auch die in seinen Privatgemächern im Neuen Palais – mit den gleichen Büchern ausgestattet. Wohnräume für seine Gemahlin, Königin Elisabeth Christine, existieren in Potsdam allerdings nicht. Friedrich II. hatte sie in das Schloss Schönhausen im heutigen Berliner Stadtbezirk Pankow abgeschoben.

Friedrichs *Arbeits-* und *Schlafzimmer* ist der einzige Schlossraum, der nicht mehr die ursprüngliche Innengestaltung hat. Nachfolger und Neffe Friedrich Wilhelm II. ließ sich den Raum im klassizistischen Stil umgestalten. Im Alkoven, ehemals Schlafraum, steht aber wieder der Sterbestuhl des berühmtesten Hohenzollern.

Aus konservatorischen Gründen ist die Zahl der täglichen Besucher in Schloss Sanssouci begrenzt, feste Einlasszeiten werden vorgegeben. Karten sind ab 10 Uhr an der Schlosskasse für den jeweiligen Tag zu haben. Nur frühzeitiges Kommen sichert den Eintritt! Oder Sie buchen im Online-Ticketshop im Voraus eine Premium-Tageskarte. Damit erhal-

Für Schloss Sanssouci hat Friedrich II. selbst an den Entwürfen mitgewirkt

35

NEUER GARTEN

ten Sie Eintritt in Schloss Sanssouci zu Ihrer Wunschzeit sowie in alle anderen Schlösser an einem Tag (außer Belvedere auf dem Pfingstberg, Schloss Sacrow und Jagdschloss Stern). *April–Okt. Di–So 10–18 Uhr mit Audioguide, Nov.–März Di–So 10–17 Uhr mit Führung oder Audioguide | Park Sanssouci | Kartenverkauf jeweils nur für denselben Tag*

Der Westflügel von Schloss Sanssouci, der *Damenflügel (Mai–Okt. Sa/So 10–18 Uhr)*, bildet eine Einrichtung für sich. Die für Hofdamen (im Erdgeschoss) und Kavaliere (im Obergeschoss) eingerichteten Räume vermitteln ein Bild höfischer Wohnkultur zwischen Biedermeier und Gründerzeit. Die Möbelgarnitur im ersten Kavalierzimmer stammt aus dem Potsda-

Gotische Bibliothek: nicht öffentlich zugänglich, aber schön am See gelegen

mer Stadtschloss. Königin Elisabeth, die Gemahlin Friedrich Wilhelms IV., bekam sie 1850 als Geburtstagsgeschenk vom Zarenhof. Wenn Sie wissen möchten, wie die Königin aussah, sollten Sie auf zwei Gemälde in diesem Raum achten: Das eine zeigt sie vor Schloss Sanssouci, das andere vor dem Berliner Stadtschloss.

Im östlichen Seitenflügel, in der **INSIDER TIPP** *Schlossküche (April–Okt. Di–So 10–18 Uhr)*, können Sie sehen, wo Majestäts Gaumenfreuden entstanden. 1842 hat man die 115 m² große Hofküche erstmals genutzt. Zubereitet wurden hier vor allem die privaten Mahlzeiten, meist für 12 bis 15 Personen, oft auch für kleinere Festlichkeiten wie die silberne Hochzeit des Königspaars. Fast das gesamte Inventar aus der Mitte des 19. Jhs. blieb erhalten. Prunkstück ist eine große eiserne Kochmaschine. Der Kochbetrieb in Sanssouci endete 1873 mit dem Tod der Gemahlin von Friedrich Wilhelm IV., Elisabeth von Bayern.

Am Rand der südlichen Schlossterrasse, an den Büsten römischer Kaiser erkennbar, ließ Friedrich II. seine geliebten Windhunde begraben und für sich eine Gruft ausheben. Aber erst am 17. August 1991 erhielt der König selbst hier seine letzte Ruhestätte. *Bus 612, 695, X15*

NEUER GARTEN

✳ (111 F4–6) (*M G2–4*) König Friedrich Wilhelm II. wollte etwas Eigenes, er wollte nicht dort spazieren gehen und wohnen, wo sich sein Onkel Friedrich II. wohlfühlte. Und so ließ er das Gelände am Westufer des Heiligen Sees in einen „sentimentalen Landschaftsgarten" verwandeln mit dem Marmorpalais als Wohnsitz.

SEHENSWERTES

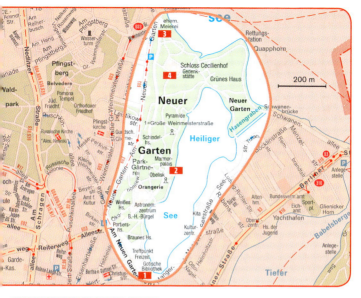

SEHENSWERTES IM NEUEN GARTEN
1 Gotische Bibliothek
2 Marmorpalais
3 Meierei
4 Schloss Cecilienhof

Ab 1817 gestaltete Lenné die Anlage, die sich im Wesentlichen noch heute so darbietet – mit weiten Rasenflächen, Baumgruppen und Durchblicken zum Heiligen See und Jungfernsee. Der Park ist eins der schönsten frühen Beispiele englischer Gartenkunst auf dem europäischen Festland. Da er jünger ist als der von Sanssouci, bekam er den Namen *Neuer Garten*.

Sie betreten heute den Park dort, wo die Alleestraße auf die Straße am Neuen Garten stößt. Die alte Eichenallee mit den 1864 gepflanzten Bäumen führt zur lang gestreckten *Orangerie*, die 1791/92 mit großen Fenstern zur Südseite erbaut wurde. Prachtvoll, vor allem im Sommer, ist der *Blumengarten*, wenn hier die Palmen und Agaven aus der Orangerie stehen. Rechts davon erstreckt sich das aus rotem Backstein erbaute *Holländische Etablissement* (1789/90), das große Ähnlichkeit mit dem Holländischen Viertel im Stadtzentrum besitzt. In einigen Häusern wohnten Bedienstete des Marmorpalais, andere dienten als Ställe, in denen die Tiere untergebracht waren.

1 GOTISCHE BIBLIOTHEK
(111 F6) (*G4*)

Lange Zeit hieß das 1792–94 am Südende des Neuen Gartens direkt am Wasser errichtete Gebäude, in dem sich früher die königliche Privatbibliothek befand, der „schiefe Turm von Potsdam". Um den Bau zu erhalten, wurde Anfang der 1990er-Jahre der zweigeschossige Turmpavillon Stück für Stück abgetragen und wieder aufgebaut. *Am Neuen Garten | Bus 603*

NEUER GARTEN

2 MARMORPALAIS ⭐

(111 F5) (∅ G4)

Das Kleinod des preußischen Frühklassizismus hat sich Friedrich Wilhelm II. 1787–91 als Wohnsitz mit prachtvollen Stukkaturen, Seidenbespannung und Marmorkaminen erbauen lassen, in dem heute auch kostbare Kunstwerke zu bewundern sind. Die INSIDERTIPP Sammlung des bläulichen Wedgwood-Porzellans gehört in Umfang und Qualität zu den bedeutendsten außerhalb Englands. Im Obergeschoss, wo sich die Räume zu einem Rundgang um die zentrale Marmortreppe gruppieren, bildet das orientalische *Zeltzimmer* einen Höhepunkt.

Die Sowjetarmee nutzte das Palais als Offizierskasino, 1961 richtete die DDR darin ein Armeemuseum ein. *Mai–Okt. Di–So 10–18, Nov.–März Sa/So 10–16, April Sa/So 10–18 Uhr, nur mit Führung*

In der Nähe des Marmorpalais steht der *Obelisk* (1893/94) aus blaugrauem Marmor. Als künstliche Tempelruine gestaltete man das *Küchengebäude* (1788–90), das einst durch einen unterirdischen Gang mit dem Marmorpalais verbunden war. Die nach ägyptischem Vorbild errichtete *Pyramide* (1791/92) diente zu Königs und Kaisers Zeiten als Kühlschrank. *Neuer Garten | Bus 603*

3 MEIEREI (111 F4) (∅ G2)

Direkt am Ufer des Jungfernsees steht das burgenähnliche, zinnenbekrönte Gebäude (1790–92, 1843/44 verändert). Die Meierei versorgte die königliche Hofküche mit Milchprodukten, die Milch kam von auf dem Gelände weidenden Kühen. Ab 1861 diente das Gebäude als Wasserwerk, aus dieser Zeit stammt der schlanke Schornstein. Später war die Meierei beliebtes Ausflugslokal. Das zu DDR-Zeiten zur Ruine verkommene Gebäude wurde bis 2003 originalgetreu als Gaststätte wiederhergestellt, selbst

an der Raumaufteilung hat man nichts verändert. Als schönste Gaststube auf den drei Etagen gilt das Teezimmer mit seinen venezianischen Fenstern. *Neuer Garten | Bus 603*

4 SCHLOSS CECILIENHOF ⭐ ●

(111 F4) (∅ G3)

Das letzte und modernste Hohenzollernschloss besitzt 176 Räume, die sich um insgesamt fünf Innenhöfe gruppieren. Heute dient ein Teil des Schlosses als Hotel, der andere als Gedenkstätte. Schloss Cecilienhof (1913–17) ging durch die Potsdamer Konferenz in die Weltgeschichte ein. Am 2. August 1945, eine halbe Stunde nach Mitternacht, unterzeichneten an einem runden Tisch, der eigens dafür in Moskau hergestellt wurde und noch heute zu sehen ist, die Vertreter der drei Siegermächte Harry S. Truman, Clement Attlee und Joseph W. Stalin das „Potsdamer Abkommen". INSIDERTIPP Der fünfzackige rote Sowjetstern aus Blumen im *Großen Hof* ist kein Relikt aus der DDR-Zeit, auf diesen Stern hatten sich die drei Regierungschefs in der Vorbereitungsphase der Konferenz geeinigt, vermutlich weil die Sowjetunion die Hauptlast des Kriegs zu tragen hatte.

Der *Konferenzsaal* von 1945 und die *Arbeitszimmer* der Delegationen sind in der ursprünglichen Form erhalten geblieben. Als das Schloss für die Konferenz ausgewählt wurde, waren Teile der Originalmöbel verschwunden. Deshalb bestückte man 36 Schlossräume mit Mobiliar aus anderen Schlössern und Potsdamer Villen. Das ehemalige Arbeits- und Raucherzimmer des Kronprinzen diente Präsident Truman als Arbeits- und Beratungszimmer. Winston Churchill richtete sich in der früheren kronprinzlichen *Bibliothek* ein. Allerdings konnte er die aus Schloss Babelsberg extra herbeigeschafften Möbel aus hellem Ahornholz

SEHENSWERTES

nur wenige Wochen genießen – nach einer Wahlniederlage seiner Partei in England musste er seinem Nachfolger Attlee weichen. Stalin hatte sich den *Roten Salon,* das Schreibzimmer der Kronprinzessin, ausgewählt. Sein Arbeitsplatz war am Schreibtisch zwischen Fenster und Kamin. *April–Okt. Di–So 10–18 Uhr, mit Führung oder Audioguide, Nov.–März Di–So 10–17 Uhr, nur mit Führung*

Relativ unbekannt ist, dass auch sechs wiederhergerichtete INSIDER TIPP Privaträume des Kronprinzenpaars im Obergeschoss des Mittelbaus zu besichtigen sind. Die Fürstenabfindung von 1926 hatte der Kronprinzenfamilie ein Wohnrecht auf Lebenszeit eingeräumt; das erlosch allerdings, als sie vor der anrückenden sowjetischen Armee im Frühjahr 1945 das Schloss verließ und in den Westen floh. *Führung in den Privaträumen des Kronprinzenpaars Di–So 10, 12, 14 und 16 Uhr | Neuer Garten | Bus 603*

ZENTRUM

(115 D–F 1–3) *(ɱ F–G 4–6)* **Großartige Kirchen und Bürgerhäuser prägen Potsdams City, dazwischen stehen aber auch Architektursünden der DDR-Zeit.**

Einige davon sind bereits verschwunden, die Potsdamer haben vielen Ecken wieder zur Schönheit von einst verholfen, so dem *Neuen Markt*. Der *Alte Markt* bekommt gegenwärtig mit dem Wiederaufbau des *Stadtschlosses* sein altes Aussehen zurück und wird erneut das, was er bis zur Zerstörung am Ende des Zweiten Weltkriegs war: das baukünstlerische Zentrum von Potsdam. Die *Brandenburger Straße* mit ihren barocken Bauten avancierte längst wieder zur Shoppingmeile der City, und das *Holländische Viertel* war vermutlich nie so voller Leben wie heute. Kneipen, Cafés und Geschäfte in Hülle und Fülle und Gäste aus aller Welt! Die Wege sind in Brandenburgs kleiner Landeshauptstadt kurz, das Auto ist nur hinderlich, am besten, Sie lassen es stehen.

Schön zum Flanieren und Shoppen: die Brandenburger Straße

■ ALTER MARKT (115 E3) *(ɱ G6)*

Der Alte Markt erstrahlt wieder in altem Glanz, das *Stadtschloss* mit der historischen Fassade ist nunmehr fertiggestellt. Seit Januar 2014 ist es das Domizil des Landtags Brandenburg. Der festliche Eingang zum Schloss, das *Fortunaportal*, kündigte bereits seit 2002 den Wiederaufbau an. Der zum Schloss gehörende *Lustgarten* war mehrmals umgestaltet worden. Anhand von 300 Jahre alten Zeichnungen wurde nun der sogenannte *Neue Lustgarten* geschaffen.

39

ZENTRUM

Die *Nikolaikirche,* ein bedeutendes Bauwerk des Klassizismus, wurde nach Zerstörung im Zweiten Weltkrieg bis 1981 wieder aufgebaut und geweiht. Das *Alte Rathaus* an der Ostseite ist mit dem benachbarten *Knobelsdorffhaus* durch einen Zwischentrakt verbunden, der das im Zweiten Weltkrieg zerstörte Haus des Bäckermeisters Windelband ersetzt.

Den 20 m hohen *Obelisken* schuf von Knobelsdorff. Den Schaft zierten einst vier Bildnismedaillons von Kurfürsten und Königen. 1978/79 wurde der baufällige Obelisk neu aufgebaut, statt der Hohenzollernbildnisse bekam er die von prominenten Potsdamer Baumeistern: von Knobelsdorff, Gontard, Schinkel, Persius. *Straßenbahn 91, 92, 93, 96, 99 | Bus 695*

2 ALTES RATHAUS/POTSDAM MUSEUM (115 D–E3) (*G6*)

1885 zogen die Stadtväter aus, danach hieß das Gebäude „Ehemaliges Rathaus", heute „Altes Rathaus". 1755 war das Bauwerk mit der den Turm krönenden Atlasfigur fertig. 21 Jahre später erlebten die Potsdamer eine böse Überraschung: Der große, fast 6 t schwere und nur ungenügend verankerte Atlas stürzte auf die Straße. Man hievte eine neue Plastik nach oben, diesmal aus Kupfer getrieben und vergoldet. Die leuchtet noch heute in der Sonne.

In das unlängst sanierte Gebäude sowie in das benachbarte *Knobelsdorffhaus* zog das *Potsdam Museum*, das damit an jenen Ort zurückkehrte, an dem es vor mehr als 100 Jahren gegründet wur-

Auch Potsdam hat sein Brandenburger Tor – dahinter beginnt die Fußgängerzone

40 www.marcopolo.de/potsdam

SEHENSWERTES

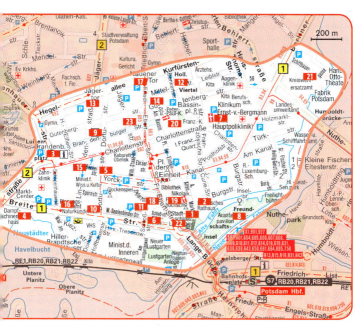

SEHENSWERTES IM ZENTRUM

- **1** Alter Markt
- **2** Altes Rathaus/Potsdam Museum
- **3** Brandenburger Tor
- **4** Dampfmaschinenhaus
- **5** Dortustraße
- **6** Filmmuseum
- **7** Französische Kirche
- **8** Freundschaftsinsel
- **9** Gedenkstätte Lindenstraße 54
- **10** Großes Militärwaisenhaus
- **11** Haus der Brandenburgisch-Preußischen Geschichte
- **12** Holländisches Viertel
- **13** Jägertor
- **14** Jan-Bouman-Haus
- **15** Lindenstraße
- Fußgängerzone
- **16** Naturkundemuseum
- **17** Nauener Tor
- **18** Neuer Markt
- **19** Nikolaikirche
- **20** Peter-Pauls-Kirche
- **21** Schiffbauergasse
- **22** Stadtschloss/Landtag
- **23** Zweite Neustadt

de. Im Herbst 2013 öffnete die Dauerausstellung „Potsdam. Eine Stadt macht Geschichte", die zu einer Entdeckungsreise durch 1000 Jahre Potsdamer Stadtgeschichte einlädt. Rund 500 Objekte veranschaulichen in elf Themenkomplexen, welche Personen, Entwicklungen und Beziehungen Potsdam seit seiner Ersterwähnung 993 bis heute prägten. *Am Alten Markt 9 | Straßenbahn 91, 92, 93, 96, 98, 99 | Bus 695*

3 BRANDENBURGER TOR
(115 D2–3) (*F5*)

Das römischen Triumphbogen ähnelnde, 1770 erbaute Tor hat zwei Baumeister und deshalb auch zwei Gesichter. Carl von Gontard entwarf im Auftrag von Friedrich II. die Stadtseite, sein Schüler Georg Christian Unger die Feldseite. Die beiden seitlichen Durchgänge für Fußgänger gibt es erst seit 1843. *Luisenplatz | Straßenbahn 91, 94, 98 | Bus 695*

41

ZENTRUM

4 DAMPFMASCHINENHAUS
(119 F5) (*∅ E6*)

Was wie eine maurische Moschee mit Minarett aussieht, entstand vor rund 150 Jahren als Pumpwerk für die Fontänen der Gartenanlagen von Sanssouci. Denn im 19. Jh. war es en vogue, sich an Stilen vergangener Epochen und ferner Länder zu orientieren. Seit 1985 ist das Dampfmaschinenhaus an der Neustädter Havelbucht ein technisches Museum. Herzstück bildet die in der berühmten Werkstatt von August Borsig gebaute 80-PS-Zweizilinderdampfmaschine, die bis zum Jahr 1893 in Betrieb war. Sie pumpte stündlich 220 m³ Wasser zu dem 1500 m entfernten Hochbehälter auf dem Ruinenberg. Die Ornamente der gusseisernen Teile der Maschinenanlage ähneln denen der Kathedrale im spanischen Córdoba. *Mai–Okt. Sa/So 10–12.30, 13–18 Uhr, nur mit Führung | Breite Str. 28 | Straßenbahn 91, 94, 98*

5 DORTUSTRASSE
(115 E2–3) (*∅ F5–6*)

Prachtvoll präsentiert sich in der Dortustraße die Nr. 36: das ehemalige Militärwaisenhaus. Nicht minder eindrucksvoll sind die Bauten Nr. 30–34, errichtet für den Rechnungshof des Deutschen Reichs. Die Häuser Nr. 26–29 hat Georg Christian Unger Ende des 19. Jhs. entworfen. An der Ecke zur Yorckstraße befindet sich seit 1991 die Nachbildung des Glockenspiels der früher in der Nähe stehenden Hof- und Garnisonkirche. Im Zweiten Weltkrieg zerstört und später gesprengt soll die bedeutende barocke Kirche nun – finanziert durch Spendengelder – wieder aufgebaut werden. Das Glockenspiel bekommt dann seinen endgültigen Platz auf dem Turm.

Die Straße trägt den Namen des wegen seiner Teilnahme an der Revolution 1848 hingerichteten Max Dortu. An seinem Geburtshaus Nr. 28 steht auf einer Gedenktafel: „Kämpfer und Opfer für Deutschlands Einheit und Freiheit". *Straßenbahn 91, 94, 98 | Bus 605, 606, 612, 614, 631*

6 FILMMUSEUM
(115 E3) (*∅ G6*)

„Traumfabrik – 100 Jahre Film in Babelsberg" nennt sich die Dauerausstellung zur Geschichte der Filmstadt. In den Babelsberger Ufa- (ab 1921) und Defa-Ateliers (ab 1946) standen legendäre Schauspieler wie Marlene Dietrich, Paul Wegener, Manfred Krug und Armin Mueller-Stahl vor den Kameras. Hier wurden legendäre Filme wie „Die Feuerzangenbowle" mit Heinz Rühmann, „Die Mörder sind unter uns" mit Hildegard Knef und in jüngerer Zeit die beiden Oscar-prämierten Streifen „Der Pianist" von Roman Polanski und „Die Fälscher" von Stefan Ruzowitzky gedreht. Im Mittelpunkt der Ausstellung steht, wie ein Film hergestellt wird. Zu sehen sind wertvolle Originalexponate der Filmgeschichte. Interaktive Module laden zum Mitmachen ein, so kann man mit Zarah Leander singen oder beim Casting anstelle von Angelika Domröse agieren.

Zum Museum gehört ein hauseigenes ● *Kino*, in dem internationale Filmklassiker gezeigt werden. Etwas Besonderes sind die Stummfilmvorführungen in Begleitung der INSIDER TIPP Welte-Kino-orgel, auf der Geräusch- und Instrumentenimitationen entstehen.

Das Museum hat sein Domizil im einstigen *Marstall,* einem lang gestreckten, rotbraunen Bau, der 1686 als Orangerie entstanden war. Die Pferde- und Reitergruppen aus Sandstein von Friedrich Christian Glume auf den Attiken erinnern an den einstigen königlichen Reitstall. Marstall und Schloss waren durch die sogenannte *Ringerkolonnade* verbunden, deren Reste unterhalb des Hotels Mercure im wieder entstandenen

SEHENSWERTES

Lustgarten aufgestellt wurden. *Di–So 10–18 Uhr | Breite Str. 1a | im Marstall | www.filmmuseum-potsdam.de | Straßenbahn 91, 92, 93, 96, 99, 98 | Bus 695*

7 FRANZÖSISCHE KIRCHE
(115 F2) (*G5*)

Die Kirche ließ Friedrich der Große für die Französische Kolonie in Potsdam errichten. Den Entwurf dafür lieferte Georg Wenzeslaus von Knobelsdorff. *April–Okt. tgl. 13.30–17 Uhr | Bassinplatz | Straßenbahn 92, 96*

8 FREUNDSCHAFTSINSEL
(115 E–F3) (*G6*)

Mehr als 35 000 Blumenzwiebeln und 100 000 Staudenpflanzen, die anlässlich der Buga gepflanzt wurden, blühen im Sommer auf der Freundschaftsinsel, die unmittelbar an der Langen Brücke zwischen der *Neuen* und der *Alten Fahrt* der Havel liegt. *Straßenbahn 91, 92, 93, 96, 99, 98 | Bus 695*

9 GEDENKSTÄTTE LINDENSTRASSE 54 (115 D2) (*F5*)

Im Zweiten Weltkrieg schleppten die Nazis politische Gefangene in das Haus, danach quälten hier der sowjetische Geheimdienst NKWD und ab 1952 die Staatssicherheit der DDR unzählige Menschen. Zu sehen sind der Zellentrakt, die Gefängnishöfe und eine Ausstellung zur Geschichte der politischen Justiz. *März–Okt. Di–So 10–18, Nov.–Feb. Di–So 10–17 Uhr | Lindenstr. 54 | www.gedenkstaette-lindenstrasse.de | Straßenbahn 91, 94, 98 | Bus 605, 692*

10 GROSSES MILITÄRWAISENHAUS
(115 E3) (*F6*)

Man meint, einen königlichen Palast vor sich zu haben, steht aber vor einer karitativen Einrichtung besonderer Art. In dem Gebäude wurden uneheliche Soldatenkinder erzogen, die unter elenden Bedingungen bis zu 35 Stunden in der Woche in Manufakturen arbeiten mussten. Von der 1945 weitgehend zerstörten Anlage sind noch zwei Flügel erhalten. *Breite Str. 9a/Dortustraße | Bus 695*

Filmmuseum: viele Kinorelikte und eine 4 m hohe „Starskulptur"

43

ZENTRUM

11 HAUS DER BRANDENBURGISCH-PREUSSISCHEN GESCHICHTE
(115 E3) (*F6*)
Die ständige Ausstellung unternimmt eine erlebnisreiche Reise durch 900 Jahre Landesgeschichte. Rund 400 Originalobjekte sowie Fotos, Filme und interaktive Multimediastationen erzählen in neun Kapiteln von der bewegten und bewegenden Vergangenheit Brandenburg-Preußens. *Di–Do 10–17, Fr–So 10–19 Uhr | Am Neuen Markt 9 | im Kutschstall | www.hbpg.de | Straßenbahn 91, 92, 93, 96, 98, 99 | Bus 695*

12 HOLLÄNDISCHES VIERTEL ★ ●
(115 E2) (*G5*)
Ein holländisches Idyll mitten in Potsdam, salopp auch „Klein-Amsterdam" genannt. 1734 wurde das Architektur-Ensemble für holländische Kolonisten begonnen, 1742 war es fertig. Insgesamt entstanden in vier Karrees unter Leitung des Holländers Johann Boumann 59 Giebel- und 75 Traufenhäuser mit hübschen Vorgärten. Nach Holländern braucht man nicht Ausschau zu halten, denn der letzte verschwand schon 1928. An dessen Heimat erinnert auch die ebenfalls aus rotem Backstein errichtete westliche Häuserfront der nahen Straße Am Bassin, die rund 40 Jahre nach „Klein-Amsterdam" entstand. *www.hollaendisches-viertel-potsdam.de | Straßenbahn 92, 96*

13 JÄGERTOR (115 D–E2) (*F5*)
Das bescheidene Tor von 1733 ist das älteste Potsdams. Bis heute wird gerätselt, wer die Jagdszene aus Sandstein auf der Attika geschaffen haben könnte. *Hegelallee | Straßenbahn 92, 96 | Bus 692*

14 JAN-BOUMAN-HAUS
(115 E2) (*G5*)
Das 1735 erbaute Holländerhaus wurde originalgetreu restauriert und zum Mu-

Das Jägertor – ursprünglich Teil der Stadtmauer – führte früher zum kurfürstlichen Jagdhaus

SEHENSWERTES

seum für das Holländische Viertel. Sie bekommen hier einen Eindruck von der Innenarchitektur holländischer Häuser des 18. Jhs. *Mo–Fr 13–18, Sa/So 11–18 Uhr | Mittelstr. 8 | www.jan-bouman-haus.de | Straßenbahn 92, 96*

15 LINDENSTRASSE
(115 D2–3) (ω F5–6)

Hier gibt es eine fast noch vollständige Bebauung aus der zweiten barocken Stadterweiterung: Die Häuser Nr. 1–22 entstanden 1734–38 als zweigeschossige Typenbauten. Die Einheitlichkeit ging aber in den vergangenen 250 Jahren durch Um- und Anbauten vielfach verloren. Haus Nr. 25 war Lazarett des Regiments der Leibgarde, zwei Sandsteinfiguren mit Szenen der Krankenpflege verweisen auf die einstige Bestimmung. Die Häuser Nr. 28, 29 und 35–39 dienten als Kaserne. Im Haus Nr. 44 wohnten die Gebrüder Räntz, Bildhauer aus Bayreuth. Sie haben den reichen Figurenschmuck am Neuen Palais und den Communs mitgeschaffen. Offensichtlich blieb den beiden noch genügend Zeit für die reiche Bauornamentik ihres Hauses. Im Haus Nr. 54 befand sich zu DDR-Zeiten die Untersuchungshaftanstalt der Potsdamer Staatssicherheit, mit bitterem Zynismus „Lindenhotel" genannt, zugänglich heute als *Gedenkstätte Lindenstraße 54* (s. S. 43). *Straßenbahn 91, 94, 98 | Bus 605*

16 NATURKUNDEMUSEUM
(115 E3) (ω F6)

Die 1,5 m große INSIDER TIPP Welsdame „Weline" ist der Star im Naturkundemuseum. Dort schwimmt sie in einem der 22 Süßwasseraquarien, in denen sich fast 40 einheimische Fischarten tummeln. Im Museum können Sie einen Spaziergang durch die Tierwelt Brandenburgs unternehmen. Zusätzlich zu den beiden Dauerausstellungen finden hier auch interessante Sonderausstellungen statt. Untergebracht ist die Sammlung im historischen *Ständehaus* des einstigen havelländisch-zauchischen Kreises, einem der schönsten Gebäude der Stadt. *Di–So 9–17 Uhr sowie jeden 1. Mo im Monat 9–18 Uhr | Breite Str. 13 | www.naturkundemuseum-potsdam.de | Straßenbahn 92, 94, 96 | Bus 605*

17 NAUENER TOR *(115 E2) (ω F5)*

Friedrich II. lieferte Johann Gottfried Büring 1755 die Skizze für das Tor, das etwa hundert Jahre später unter dem Einfluss der englischen Neugotik verändert wurde. Es ist vermutlich das früheste Bauwerk dieser Art auf dem europäischen Kontinent und heute ein guter Ausgangspunkt für einen Spaziergang durchs Holländische Viertel. *Friedrich-Ebert-Straße/Hegelallee | Straßenbahn 92, 96*

18 NEUER MARKT *(115 E3) (ω F6)*

Der im 17. Jh. planmäßig angelegte Platz wurde in den letzten Jahren wieder schön hergerichtet. Auch das Haus Nr. 1, in dem 1767 vermutlich Wilhelm von Humboldt geboren wurde und in dem der spätere König Friedrich Wilhelm II. wohnte. 1770 kam hier Friedrich Wilhelm III. zur Welt, der als Einziger aus dem Hause Hohenzollern Potsdam als Geburtsort angeben konnte. 1833 zog dort das königliche Kabinett ein – daher die Bezeichnung *Kabinetthaus*.

Hofzimmermeister Johann Georg Brendel, der an bekannten Bauwerken in und um Potsdam mitgewirkt hatte, lebte um 1770 im Haus Nr. 2. Seine Initialen „J. G. B." sind auch heute noch im schmiedeeisernen Rokokogeländer der Freitreppe zu sehen. Das Haus in der Platzmitte – heute ein Restaurant – war die städtische *Ratswaage*. Den triumphbogenähnlichen Eingang zum ehemali-

45

ZENTRUM

Schinkel, Berlins großer Baumeister des Klassizismus, schuf Potsdams Nikolaikirche

gen *Königlichen Kutschstall* bekrönt eine Quadriga. Modell für den Wagenlenker soll der Leibkutscher Friedrichs II., Johann Georg Pfund, gestanden haben. Im Kutschstall ist das neue *Haus der Brandenburgisch-Preußischen Geschichte* untergebracht. *Straßenbahn 91, 92, 93, 96, 99, 98 | Bus 695*

19 NIKOLAIKIRCHE (115 E3) (*G6*)

Die Idee für den Bau mit der mächtigen Kuppel, der den Alten Markt beherrscht, lieferte der spätere König Friedrich Wilhelm IV. Die Pläne stammen von Karl Friedrich Schinkel, der weitgehend auch die Innenausstattung besorgte. Sie können die ☀ INSIDER TIPP Panorama-Aussichtsplattform in 42 m unter der Kuppel besteigen, von der Sie einen weiten Blick über Potsdam haben. *Mo–Sa 9–19, So 11.30–19, Winter bis 17 Uhr | Am Alten Markt | www.nikolai-potsdam.de | Straßenbahn 91, 92, 93, 96, 98, 99 | Bus 695*

20 PETER-PAULS-KIRCHE (115 E2) (*G5*)

Die 1870 fertiggestellte katholische Kirche gilt als typisches Beispiel für den Historismus, der hier byzantinische und romanische Stilelemente in den Bau einfließen ließ. *Mo–Sa 10–17, So 12–17 Uhr | Am Bassin 2 | Straßenbahn 92, 96*

21 SCHIFFBAUERGASSE (116 A2) (*H5*)

Direkt am Ufer der Havel, gegenüber dem Babelsberger Park, entstand der modernste Kultur- und Gewerbestandort der Region. Hier vereinen sich Kunst und Kultur mit Hightechunternehmen zu einer einzigartigen Mischung. Das neue *Hans-Otto-Theater* mit seinen modernen roten Betonlamellen bildet den Blickfang, das *Waschhaus* mit einem vielseitigen Kunstprogramm hat sich hier bereits seit Jahren fest etabliert, das Internationale Zentrum für Tanz- und Bewegungs-

SEHENSWERTES

kunst *Fabrik* ist zugezogen wie auch *Volkswagen, Oracle* und andere.

Werke von Wolf Vostell und weiterer Avantgardekünstler der Fluxus-Bewegung sind im *Museum Fluxus + (Mi–So 13–18 Uhr | www.museum-fluxus-plus. com)* zu erleben.

Auf dem 120 000 m² großen Gelände baute man vor rund 200 Jahren Dampfschiffe, nach dem Zweiten Weltkrieg wurde es zum militärischen Sperrgebiet, das die letzten Soldaten und Offiziere 1994 verließen. In den vergangenen Jahren hat man die denkmalgeschützten *Reithallen*, die *Garnisonswäscherei*, die *Zichorienmühle* und weitere Bauten saniert, andere wie das Theater neu errichtet. Neu ist auch der *Uferpark* mit Schiffsanleger und Marina. *www.schiffbauergasse. de | Straßenbahn 93, 94, 99*

22 STADTSCHLOSS/LANDTAG
(115 E13) (*M G6*)

Potsdam hat seine historische Mitte wieder, der Wiederaufbau des Stadtschlosses als modernes Landtagsgebäude im historischen Gewand ist abgeschlossen, im Januar 2014 haben die Abgeordneten Brandenburgs ihre Büros bezogen. Baro-cke Pracht verströmt die nachgebaute Knobelsdorff-Fassade, im modernen Inneren dominiert dagegen schlichte Sachlichkeit in Weiß mit roten Farbtupfern. **INSIDER TIPP** *Innenhof, Treppenhaus, Foyer und Dachterrasse Mo–Fr öffentlich zugänglich* | ● *Fr 15, 16 und 17 Uhr kostenlose Führungen, Online-Anmeldung (bis 3 Monate im Voraus) erforderlich unter www.landtag.brandenburg.de | Alter Markt 1 | Straßenbahn 91, 92, 93, 96, 98, 99 | Bus 695*

23 ZWEITE NEUSTADT
(115 D–F2) (*M F–G5*)

Auf dem Reißbrett wurden 21 Karrees abgesteckt und innerhalb von nur zehn Jahren planmäßig 584 Häuser erbaut. Friedrich Wilhelm I. hatte 1732 den Befehl zu dieser zweiten barocken Stadterweiterung gegeben, kurz „Zweite Neustadt" genannt, denn der Soldatenkönig brauchte Quartiere für seine Soldaten. Die Ledigen mussten in den noch heute vielfach vorhandenen, in der Mittelachse ausgebauten Giebelstuben unterkommen. Der plastische Schmuck zahlreicher Häuser weist auf die einstigen Besitzer hin. Glanzpunkt der Zweiten Neustadt,

RICHTIG FIT

Joggen auf traumhaften Pfaden: Wer den ganzen Tag durch Museen gezogen ist, sehnt sich nach Bewegung an frischer Luft. Potsdam mit seinen vielen Grünanlagen bietet sich geradezu zum Joggen an. Beliebt ist der Park von Sanssouci. Am günstigsten starten Sie am Grünen Gitter **(119 F4)** (*M E5*), von der Straßenbahnhaltestelle am Brandenburger Tor oder der Tiefgarage Luisenplatz keine 5 Min. zu Fuß entfernt.

Strecken sind viele möglich, ideal ist es, sich südlich zu halten, da im Park Charlottenhof die wenigsten Besucher sind. Hier kann es richtig zur Sache gehen, Radfahrer und Hunde kommen Ihnen garantiert nicht in die Quere, denn Sie laufen sozusagen auf geschützten Pfaden: Potsdams Parks stehen bekanntlich unter Unescoschutz, und da ist vieles nicht gestattet – joggen aber dürfen Sie!

NÖRDLICH DES ZENTRUMS

die am Brandenburger Tor beginnt, ist das aus vier Karrees bestehende *Holländische Viertel* (s. S. 44) am anderen Ende. *Straßenbahn 92, 96*

Holländisches Viertel – ein Schmuckstück der barocken Innenstadt

NÖRDLICH DES ZENTRUMS

(110 B6–E4) (*D–F 3–4*) **Im 19. Jh. dehnte sich Potsdam in Richtung Norden aus, die Jägervorstadt und die Nauener Vorstadt avancierten zu einer beliebten Wohngegend. Es entstanden repräsentative Mietshäuser und schöne Villen in unmittelbarer Nähe zur barocken Innenstadt, umgeben von viel Grün.**

Sehenswert sind das *Krongut Bornstedt*, die *Russische Kolonie Alexandrowka* und das restaurierte *Belvedere auf dem Pfingstberg*, von dem Sie einen herrlichen Blick auf Potsdam und die Umgebung, mitunter sogar bis Berlin, haben.

1 BELVEDERE AUF DEM KLAUSBERG
(118 B2) (*C4*)

Das Belvedere auf dem Klausberg *(auch Drachenberg genannt)* ist seit 2001 erstmals in seiner Geschichte öffentlich zugänglich. Das Bauwerk ließ sich Friedrich der Große 1770 von Georg Christian Unger nach altrömischem Vorbild als Ausguck erbauen, den er zeitweise für Festlichkeiten nutzte. In den letzten Tagen des Zweiten Weltkriegs wurde das Gebäude bis auf die Umfassungsmauern zerstört. *Mai–Okt. Sa/So 10–18 Uhr*
Auf halber Höhe des Klausbergs entstand als dreistufige Pagode das *Drachenhaus* (1770). Das einstige Weingärtnerhaus beherbergt heute ein Café. *Bus 695, X15*

2 BELVEDERE AUF DEM PFINGSTBERG (111 E4) (*F3*)

Friedrich Wilhelm IV. schwebte Großes vor: Eine gewaltige Terrassenanlage mit einem prachtvollen Lustschloss sollte vom Pfingstberg bis zum Neuen Garten reichen. Entstanden sind jedoch nur starke Umfassungsmauern mit Säulengängen sowie eine 25 m hohe Doppelturmfront mit einem „römischen" und einem „maurischen" Kabinett. Die schlossartige, romantische Anlage verkleidet das Wasserbecken für die Fontänen des Neuen Gartens. Lohnenswert ist ein Aufstieg auf einen der beiden 25 m hohen ☆ Türme, von dem Sie eine herrliche Sicht haben. *März und Nov. Sa/So 10–16, April/Mai und Sept./Okt. tgl. 10–18, Juni–Aug. tgl. 10–20 Uhr*

48 www.marcopolo.de/potsdam

SEHENSWERTES

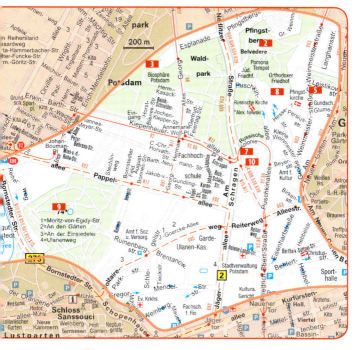

SEHENSWERTES NÖRDLICH DES ZENTRUMS

1. Belvedere auf dem Klausberg
2. Belvedere auf dem Pfingstberg
3. Biosphäre Potsdam
4. Bornstedter Friedhof
5. Gedenkstätte Leistikowstraße
6. Krongut Bornstedt
7. Museum Alexandrowka
8. Nauener Vorstadt
9. Normannischer Turm
10. Russische Kolonie Alexandrowka

Am Abhang des Pfingstbergs errichtete Karl Friedrich Schinkel sein erstes Bauwerk in Potsdam: einen *Pomonatempel* (Mitte April–Okt. Sa/So 15–18 Uhr) genannten Gartenpavillon. Die Gartenanlage zwischen Pfingstberg und Neuem Garten hat Peter Joseph Lenné geschaffen. Jahrzehnte war sie nicht zugänglich, da die östliche Siegermacht des Zweiten Weltkriegs das Gelände nutzte – und es in einem beklagenswerten Zustand zurückließ. Die Wiederherstellung erfolgte nach historischen Plänen.

In den Sommermonaten werden viele Veranstaltungen angeboten, darunter auch an den Wochenenden von Mai bis September (ab 15 Uhr) die beliebte Reihe ● „Kultur in der Natur": kostenlose Gartenkonzerte und Kleinkunstveranstaltungen in der Gartenanlage oder auf dem Dach des Pomonatempels. Während der Aufführungen bieten Mitglieder des Fördervereins Pfingstberg auch Kaffee und selbst gebackenen Kuchen an. *www.pfingstberg.de | Straßenbahn 92, 96 | Bus 638, 639*

49

NÖRDLICH DES ZENTRUMS

🟥3 BIOSPHÄRE POTSDAM ⭐ 🔴

(111 D4) (⟨⟩ F3)

Deutschlands größter Tropengarten präsentiert einen Dschungel aus 20 000 Pflanzen. Bis zu 14 m hohe Bäume und Palmen bilden das grüne Dach des Regenwalds, die Pfade säumen Orchideen, Kakao- und Kaffeepflanzen. Wasserfall, Geräusche des tropischen Walds und stündlich Gewitter mit Regenschauern und Nebel schaffen die richtige Dschungelatmosphäre. Terrarien mit Insekten und Reptilien sowie Tropenfische in der Unterwasserstation zeigen eine Auswahl der tropischen Tierwelt. Ständig werden zudem wechselnde Sonderausstellungen veranstaltet. *Mo–Fr 9–18, Sa/So 10–19 Uhr | Georg-Hermann-Allee 99 | Tel. 0331 55 07 40 | www.biosphaere-potsdam.de | Straßenbahn 96*

🟥4 BORNSTEDTER FRIEDHOF

(118–119 C–D2) (⟨⟩ D4)

„Was in Sanssouci stirbt, das wird in Bornstedt begraben", schrieb Theodor Fontane. Ausgenommen davon waren die Angehörigen der Königsfamilie, die kamen anderswo unter die Erde oder in Grüfte. Über hundert zum großen Teil prominente historische Personen wurden in Bornstedt bestattet, darunter der Gartenarchitekt Peter Joseph Lenné (1789–1866) und der Architekt Friedrich Ludwig Persius (1803–45), ein Schinkelschüler. Fans großer Sportlegenden dürfte interessieren, dass auch Gillis Grafström (1893–1938), der in Potsdam lebende dreifache Eiskunstlaufweltmeister der 1920er-Jahre, hier begraben liegt. *Ribbeckstraße/Eichenallee | Straßenbahn 92 | Bus 612, 614*

🟥5 GEDENK- UND BEGEGNUNGS-STÄTTE LEISTIKOWSTRASSE

(111 E4) (⟨⟩ G3)

Ein bedrückendes Zeugnis der Geschichte: Das ehemalige Untersuchungsgefängnis des sowjetischen Militärgeheimdiensts dokumentiert am authentischen Ort das hier geschehene Unrecht an Tausenden Inhaftierten. *Di–So 14–18 Uhr | Leistikowstr. 1 | www.gedenkstaette-leistikowstrasse.de | Straßenbahn 92, 96 | Bus 603*

ENTSPANNEN & GENIESSEN

Pflastermüde? Erschöpft vom Sightseeing? Dann lassen Sie sich verwöhnen und genießen Sie Streicheleinheiten für Körper und Seele. Im *Aqua Spa* **(115 E1)** *(⟨⟩ F4) (Mo–Sa 8–22.30, So 9–22.30 Uhr | Jägerallee 20 | Tel. 0331 27 40 | www.dorint.com)* des Dorint Hotels erwartet Sie eine Wohlfühloase mit Bade- und Saunalandschaft. Innenpool, Tepidarium, Dampfbad, Trockensauna und Fitnessraum sind auch für Nichthotelgäste geöffnet. Entspannende Massagen und Kosmetikbehandlungen sollten Sie vorher telefonisch vereinbaren. Im *Float Potsdam* **(115 E2)** *(⟨⟩ F5) (tgl. 10.30–22 Uhr | Hegelallee 53 | Tel. 0331 2 00 04 39 | www.float.de)* schweben Sie schwerelos im Floating-Tank oder Floating-Becken für zwei Personen und erreichen einen Zustand der Tiefenentspannung. Muskuläre Verspannungen werden gelöst. Wenn Sie sich anschließend noch eine Wellnessmassage gönnen, ist die Müdigkeit wie weggeblasen, und Sie sind fit für weitere Potsdam-Entdeckungen.

SEHENSWERTES

6 KRONGUT BORNSTEDT ★
(119 D2) (*D4*)

Im einstigen Mustergut der Hohenzollern ist brandenburgisch-preußische Geschichte in zeitgemäßer Form zu erleben. Hofbrauerei sowie die Brandenburg-Manufaktur mit Handwerksgeschäften und Hofladen laden zum Schauen und Kaufen ein. An den Wochenenden sind die ● *Langen Kerls* bei Exerzierübungen zu beobachten, finden Konzerte und Märkte statt. Im *Zinnfigurenmuseum (tgl. 11–19 Uhr | Eintritt frei)* sind rund 17 000 Figuren und 150 Dioramen aus Privatbesitz zu sehen.

Den in Beige und Altrosa getünchten Gebäudekomplex (1848) im italienischen Stil, nur wenige hundert Meter von Schloss Sanssouci entfernt, verwandelten der spätere Kaiser Friedrich III. und seine englische Gemahlin Victoria in ein Mustergut. *Tgl. ab 11 Uhr | Ribbeckstr. 6–7 | Info-Tel. 0331 55 06 50 | www.krongut-bornstedt.de | Straßenbahn 92 | Bus 614, 692*

7 MUSEUM ALEXANDROWKA
(111 E5) (*F4*)

Die Räume wurden wieder in der ursprünglichen Form und Farbe hergerichtet und vermitteln so einen Eindruck von der einstigen Innenausstattung der Holzhäuschen der Russischen Kolonie. Hier erfahren Sie alles über die Geschichte der Kolonie von den Anfängen bis zur Gegenwart. *Di–So Sommer 10–18, Winter Fr–So 10–16 Uhr, Jan. geschl. | Alexandrowka 2 | Straßenbahn 92, 96*

8 NAUENER VORSTADT
(111 E–F 4–6) (*G–H3*)

Die ganze Pracht und Vielfalt, die die Architektur Ende des 19. Jhs. bot, ist in diesem Viertel zu sehen. Das Gebäude der *Stadtverwaltung (Friedrich-Ebert-Str. 79–81)* entstand im neubarocken Stil, im italienischen Villenstil das in einem Garten liegende *Haus des Hofgärtners (Friedrich-Ebert-Str. 83)*. Frühklassizistisch präsentiert sich die von Baumeister Boumann entworfene *Villa der Gräfin Lichtenau (Behlertstr. 31)*, der Geliebten von Friedrich Wilhelm II. Ein Stück Russland hielt mit der *Kolonie Alexandrowka* am nördlichen Ende der Friedrich-Ebert-Straße Einzug. *Straßenbahn 92, 96 | Bus 692*

9 NORMANNISCHER TURM
(119 E1–2) (*E4*)

Der 23 m hohe Turm (1846) auf dem Ruinenberg, im Zweiten Weltkrieg zerstört

Dschungelatmosphäre herrscht im Tropengarten Biosphäre Potsdam

51

PARK BABELSBERG

Holzverkleidete Häuser des Russischen Sängerkorps: Kolonie Alexandrowka

🔟 RUSSISCHE KOLONIE ALEXANDROWKA ⭐ ● (111 E5–6) (*ω* F4)

Am 10. April 1826 unterzeichnete Friedrich Wilhelm III. eine „Allerhöchste Cabinets-Ordre", für zwölf russische Sänger eine Kolonie zu errichten. Fast auf den Tag genau ein Jahr später zogen die Russen in zwölf hübsche, komplett eingerichtete Holzhäuschen – der deutsche Aufseher in ein dreizehntes. Die Russen waren 1812 als Kriegsgefangene nach Preußen gekommen. Nach dem preußisch-russischen Militärbündnis dienten sie dem König als „Russischer Sängerkorps". Weil dieser sich so an dessen melancholische Lieder gewöhnt hatte, schenkte ihm Zar Alexander den gesamten Chor.

Die Häuser sind nicht, wie es auf den ersten Blick den Anschein hat, aus kräftigen Holzbohlen erbaut. Sie bestehen aus gemauertem Fachwerk, das außen mit gewölbten Dielenbrettern geschickt verkleidet wurde.

Etwas abseits, auf dem nördlich liegenden Kapellenberg, wurde die *Alexander-Newski-Kirche* erbaut, daneben ein weiteres Blockhaus für den Gemeindepopen. Zar Nikolaus I., der Schwiegersohn von Friedrich Wilhelm III., wohnte 1829 dem ersten Gottesdienst bei. Im Inneren der Kirche finden Sie Schenkungen der preußischen Prinzessin Charlotte, der späteren Zarin Alexandra Feodorowna, und des Moskauer Patriarchats. *www.alexandrowka.de* | Straßenbahn 92, 96

und danach seinem Schicksal überlassen, dient seit der Wiederherstellung 2001 erneut als Aussichtsturm. Mit dem Bauwerk ließ Friedrich Wilhelm IV. das Wasserbecken zur Speicherung der Fontänen von Sanssouci ergänzen, das sich dem Geschmack der damaligen Zeit entsprechend hinter künstlichen Ruinen (1748) verbirgt. *Mai–Okt. Sa/So 10–18 Uhr | Bus 612, 695, X15*

PARK BABELSBERG

(116 B–C 1–3) (*ω* H–K 4–5) **Mit 1,26 km² ist der ● Park Babelsberg die zweitgrößte Anlage Potsdams. Prinz Wilhelm (der spätere Kaiser Wilhelm I.) beauftragte Peter Joseph Lenné mit der**

52 www.marcopolo.de/potsdam

SEHENSWERTES

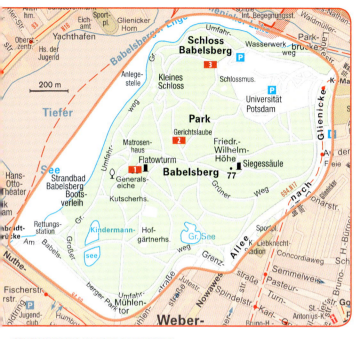

SEHENSWERTES IM PARK BABELSBERG
1 Flatowturm **2** Gerichtslaube **3** Schloss Babelsberg

Gestaltung des hügeligen Geländes am Tiefen See und der Glienicker Lake.

Nach Meinungsverschiedenheiten der beiden setzte Hermann Fürst von Pückler-Muskau 1842 die Arbeiten fort. Und so wurde der Park im englischen Landschaftsstil das Werk zweier großer Gartenkünstler des 19. Jhs.

Wenn Sie den Park am nördlichen Eingang betreten (am Ende der Karl-Marx-Straße) sehen Sie als Erstes das neugotische *Dampfmaschinenhaus* (s. S. 42) (1843–45). Die 40 PS starke Dampfmaschine sorgte für die Bewässerung des gesamten Parks. Von hier führt der Weg zum burgenähnlichen Schloss Babelsberg. Das *Kleine Schloss* (1841/42) am Ufer des Tiefen Sees entstand im neugotischen Stil für den Sohn des Prinzenpaars, den späteren 99-Tage-Kaiser Friedrich III. Heute ist dort ein Restaurant untergebracht. Im nahen *Marstall* (1839) standen die Pferde und Kutschen, und im *Matrosenhaus* (1842, umgebaut 1868) wohnten die Matrosen, die die königlichen Segelschiffe und Gondeln bei den Lustfahren auf der Havel bedienten.

1 FLATOWTURM (116 B2) (*J5*)
Der 46 m hohe Turm (1853–56), der einst Gästezimmer beherbergte, wurde dem spätgotischen Eschenheimer Tor in Frankfurt/Main nachgebildet. Seinen Namen bekam er von der herrschaftlichen Familie Flatow in Westpreußen, die die Steine für den Bau stiftete. Von

53

ANDERE STADTVIERTEL

dem Rundturm bietet sich Ihnen ein herrlicher Blick. *Mai–Okt. Sa/So 10–18 Uhr | Bus 694*

■2 GERICHTSLAUBE (116 B2) (🛒 J4)
Auf einer östlichen Höhe, benannt nach dem Gartenarchitekten Peter Joseph Lenné, bekam 1872 die rote Gerichtslaube ihren Platz. Als in Berlin das neue Rote Rathaus fertig war, schenkten die Berliner Stadtväter die Gerichtslaube ihres alten Rathauses Kaiser Wilhelm I. Der ließ den zweigeschossigen, quadratischen Backsteinpavillon als „denkwürdiges Wahrzeichen aus der Vorzeit" in Babelsberg aufstellen. *Frei zugänglich | Bus 694*

■3 SCHLOSS BABELSBERG ☀
(116 C1) (🛒 J4)
Das auf einer Anhöhe inmitten von hohen Bäumen gelegene Gebäude wirkt wie ein Märchenschloss. Schinkel hatte es mit diesem Bau nicht einfach. Die Gemahlin des Bauherrn, Prinzessin Augusta aus dem Hause Sachsen-Weimar, besaß eigenwillige Vorstellungen, die sie als einstige Mal- und Zeichenschülerin von Goethe sogar selbst zu Papier brachte. Eine Art Schloss Windsor wollte sie haben mit Zinnen, mit Türmchen und Erkern, und alles sehr repräsentativ.

Das zu DDR-Zeiten stark vernachlässigte Gebäude – es lag direkt an der Grenze zu West-Berlin – wird gegenwärtig saniert. Nach Abschluss der Arbeiten soll es wieder Eindrücke aus dem Leben von Kaiser Wilhelm I. und seiner Gemahlin Augusta vermitteln, die mehr als 40 Jahre die Sommer in Schloss Babelsberg verbrachten, wo sie einen einzigartigen Blick über die Havellandschaft hatten. Der überwiegende Teil der Ausstattung hat das Paar nicht extra für das Schloss anfertigen lassen, sondern nach eigenem Geschmack erworben.

Das hinter dem Schloss liegende *Küchengebäude* (1844–49) ist mit diesem durch einen unterirdischen Gang verbunden. *Bus 694*

LOW BUDG€T

▶ Die *Potsdam & Berlin Welcome-Card* bietet in beiden Städten freie Fahrt mit den öffentlichen Verkehrsmitteln (ABC-Fahrschein) sowie in über 200 Museen, Freizeiteinrichtungen, Theatern, bei Schiffsfahrten und Stadtführungen Ermäßigungen von 25–50 Prozent. Ein Pocket-Guide, gratis dazugelegt, beschreibt alle Angebote. Die Card kostet für einen Erwachsenen und bis zu drei Kinder für zwei Tage 20,50 Euro, für vier Tage 27,50 Euro und für fünf Tage 37,50 Euro.

▶ Der Eintritt im *Filmpark Babelsberg* (s. S. 57) kostet 21 Euro (Kinder 14 Euro). Wer drei Stunden vor Parkschließung kommt, zahlt für das Schnupperticket nur 14 Euro.

ANDERE STADTVIERTEL

Wenn Sie Potsdam in seiner ganzen Vielfalt an Parkanlagen, architektonischen Meilensteinen und berühmten Filmkulissen kennenlernen möchten, verlassen Sie die City.

Besuchen Sie den jüngsten *Park* der Stadt, den die Bundesgartenschau 2001 hinterlassen hat, den *Wissenschaftspark* mit dem expressionistischen Einsteinturm auf dem Telegrafenberg, denn in Potsdam sind seit jeher Forscher und Wissenschaft beheimatet, oder auch den

SEHENSWERTES

In Babelsberg finden Sie noch viele typische Häuser der aus Böhmen eingewanderten Weber

größten Tropengarten Deutschlands, die *Biosphäre Potsdam*. Der weitläumige Stadtteil *Babelsberg* wurde international durch die *Filmstudios* bekannt, der *Filmpark Babelsberg* zu einem weiteren Touristenmagnet Potsdams. Hat es doch etwas Magisches, hinter die bekannten Kulissen von Kino und Fernsehen schauen zu können.

Alle nachfolgend aufgeführten Ziele können Sie gut mit öffentlichen Verkehrsmitteln erreichen.

ALTER FRIEDHOF (116 A4–5) (*H7*)

Die toskanische Säule mit Adler an der Hauptallee wurde zu Ehren von Eleonora Prochaska errichtet, die in den Befreiungskriegen als Mann kämpfte und ums Leben kam. Das Denkmal daneben erinnert an 3000 mit ihr gegen Napoleon Gefallene. Auf dem 1796 angelegten Friedhof ruhen auch der Begründer des deutschen Genossenschaftswesens, Hermann Schulze-Delitzsch (1818–83), und der Potsdamer Orgelbauer Alexander Schuke (1870–1933). *Dez.–Feb. tgl. 8–16, März/April, Sept./Okt. 7–18, Mai–Aug. 7–20, Nov. 8–17 Uhr | Heinrich-Mann-Allee 106 | Straßenbahn 91, 92, 93, 96, 98, 99*

BABELSBERG
(116–117 B–F 1–6) (*H–M 4–8*)

Potsdams größter Stadtteil, vor allem bekannt als Medienstandort, ist 1938 durch den Zusammenschluss von *Nowawes* und der Villenkolonie *Neu-Babelsberg* entstanden. Ein Jahr später kam die junge Stadt zu Potsdam. Zentrum von Babelsberg ist der *Weberplatz*, einst der Mit-

55

ANDERE STADTVIERTEL

telpunkt der alten Weber- und Arbeitersiedlung Nowawes. Unweit der 250 Jahre alten *Friedrichskirche* und dem backsteinernen *Rathaus*, begrenzt von der Karl-Gruhl-, der Karl-Liebknecht- und der Rudolf-Breitscheid-Straße, haben sich einige der flachen *Weberhäuschen* erhalten. Im *Karl-Liebknecht-Stadion* trägt der Frauenfußballclub *1. FFC Turbine Potsdam* seine Spiele aus.

BERLINER VORSTADT
(112 A–B 5–6) (*H3–4*)

Heute ist es wieder eine Freude, durch Potsdams Nobelvorstadt zwischen Havel, Heiligem und Tiefem See zu spazieren. Bis 1989 lag sie im Schatten der Berliner Mauer, viele Bauwerke boten einen traurigen Anblick. 1795 hatte Friedrich II. den Ausbau der heutigen Berliner Straße zur ersten preußischen Kunststra-

Viel Action samt rasanter Motorradsprünge erleben Sie im Filmpark Babelsberg

Überregional bekannt wurde der Name Babelsberg durch das gleichnamige Schloss und durch den am Rand des Viertels liegenden *Filmpark Babelsberg*. 1912 begann in Babelsberg die Produktion von Spielfilmen, deren Stars schon damals in der Nähe, am Ufer des *Griebnitzsees*, in prachtvollen Villen wohnten (s. S. 92). *Straßenbahn 94, 99 | Bus 601, 694 | S-Bahn*

ße befohlen. Wie einst wählen sich auch heute Betuchte die Berliner Vorstadt als Wohnsitz, so Wolfgang Joop und Günther Jauch. In der Schiffbauergasse, am südlichen Ende der Berliner Vorstadt, entstand auf einstigem Industrie- und Militärgelände Potsdams modernster Kultur- und Gewerbestandort mit dem neuen *Hans-Otto-Theater*, dem *Waschhaus* und dem hypermodernen *Volkswa-*

SEHENSWERTES

gen *Design Center*, in dem unter strenger Geheimhaltung die neuesten VW-Modelle entwickelt werden. *Straßenbahn 93*

BRANDENBURGER VORSTADT
(119 D5–6) (*E6*)
Ende des 18. Jhs. besaß hier Friedrich Wilhelm I. eine der zahlreichen Meiereien, in der er acht ostfriesische Kühe hielt, die frische Milch für den Hof lieferten. Die Be-

bauung in dem Gebiet zwischen Brandenburger Tor, Park Sanssouci und Havel begann nach 1870. Das Rückgrat bildet die nach Brandenburg führende Zeppelinstraße. Vom ehemaligen Landeplatz für Luftschiffe ist nichts erhalten. Die neogotische *Erlöserkirche* entstand 1896–98. Touristischer Anziehungspunkt ist das *Dampfmaschinenhaus* (s. S. 42) von Sanssouci an der Neustädter Havelbucht, das einer maurischen Moschee nachgebildete ist. *Kiewitt* heißt eine südöstlich der Zeppelinstraße in die Havel vorspringende Landzunge, deren erste Häuser 1936 und deren letzte 1973 entstanden. Von hier aus tuckert eine kleine Fähre über die Havel zur Insel *Hermannswerder,* die der Judengraben vom Festland trennt. *Straßenbahn 91, 94, 98 | Bus 606*

FILMPARK BABELSBERG ★
(117 E4–5) (*L7*)
Der Filmpark – entstanden auf dem Gelände der einst größten Filmstadt Europas, die sich heute *Medienstadt Babelsberg* nennt – bietet Ihnen viel: Autocrashs, aufsteigende Rauch- und Nebelschwaden, rasante Verfogungsjagden und Sprünge aus schwindelerregender Höhe. All dies zeigt die *Babelsberger Stuntcrew* in ihrer atemberaubenden Show. Schauplatz ist die monumentale Kulisse eines erloschenen Vulkankraters. Wem das nicht reicht, der lässt sich im *4-D-Actionkino* richtig durchrütteln. Auf den bewegten Sitzen, begleitet von Wind und Nebel, erleben Sie modernste Kinotechnik. Und in *Boomer – das U-Boot* machen Sie im Originalset eine simulierte Reise in dem russischen U-Boot.
Im ● *Fernsehstudio 1* können Sie auf einer großen Videoleinwand die einzelnen Produktionsschritte verfolgen oder selbst im Rampenlicht stehen, zum Beispiel als Nachrichtensprecher, Wetterfee oder Aufnahmeleiter. In der *Westernstraße* lernen Sie die Tricks von Filmarchitekten und Szenenbildnern kennen, und in der *Mittelalterstadt* ist als größte Außenkulisse eine Dekoration zu sehen, die schon für viele Film- und Fernsehproduktionen verwendet wurde. Die Kleinsten zieht es vor allem ins *Sandmann-Haus* (s. S. 96).
Babelsberg zählt zu den größten und ältesten Filmstudios der Welt. Hier standen seit 1912 Stars wie Greta Garbo, Marlene

57

ANDERE STADTVIERTEL

Dietrich, Yves Montand und Omar Sharif vor den Kameras. Über 3000 Kino- und Fernsehfilme haben die Studios bis heute verlassen. Die *Studiotour* führt Sie auf das ansonsten nicht zugängliche Gelände der Medienstadt Babelsberg.

Für den individuellen Besuch der Attraktionen des Filmparks sollten Sie mindestens sechs Stunden einplanen. Die aktuellen Showzeiten stehen auf der Eintrittskarte, einen Geländeplan zur Orientierung gibt es an der Filmparkkasse.

Wollen Sie sich nach all den Vergnügungen stärken, dann bietet sich im Eingangsbereich des Parks das Erlebnisrestaurant *Prinz Eisenherz* an. Die Ausstattung stammt zum größten Teil aus dem deutsch-britischen Fantasyspektakel gleichen Namens.

Jedes Jahr im Sommer findet die **INSIDER TIPP** **Lange Babelsberger Filmparknacht** statt, eine Nacht der Fabelwesen und Magie in den phantastischen Kulissen des Filmparks. *Mitte April–Anf. Nov. tgl. 10–18 Uhr, Mai und Sept. Mo/ Di geschl. | Großbeerenstr. 200 | www. filmpark-babelsberg.de | Bus 690*

FOERSTER-GARTEN ● (110 A4) (*m* C3)

Der berühmte Potsdamer Staudenzüchter Dr. h. c. Karl Foerster (1874–1970) wird vielfach geehrt: Beispielsweise befindet sich auf der *Potsdamer Freundschaftsinsel* ein Denkmal und im *Berliner Erholungspark Marzahn* unter den sieben „Gärten der Welt" ein *Karl-Foerster-Staudengarten*. Für Blumenfreunde ist es ein Muss, den 6000 m² großen denkmalgeschützten *Hausgarten* zu besuchen, den der Potsdamer Ehrenbürger ab 1912 in Bornim angelegt hat. Foerster züchtete mehr als 600 Stauden und verfasste zahlreiche Gärtnerbücher. *April–Okt. 9–19, Nov.–März 9 Uhr bis Einbruch der Dunkelheit | Am Raubfang 6 | www.foersterstauden.de | Bus 692*

MATROSENSTATION (112 B5) (*m* H3)

Der einzige Gebäudekomplex norwegischer Holzbaukunst in Deutschland am Ufer des Jungfernsees nahe der Glienicker Brücke soll wiederhergestellt werden. Fertig ist das fast 4 m hohe Eingangstor der kaiserlichen Marinestation, die bis auf das Kapitänshaus, die Matrosenkaserne und den Bootsschuppen zerstört worden war. Als Erstes ist das ehemalige Empfangsgebäude, die sogenannte „Ventehalle", für die Rekonstruktion vorgesehen, doch so richtig kommen die Arbeiten nicht in Gang.

Kaiser Wilhelm II. erfreute sich bei seinen Nordlandfahrten an der norwegischen Holzarchitektur. „So ein Ding will ich auch haben", soll er 1890 zum norwegischen König Oskar II. gesagt haben. In den folgenden Jahren entstand deshalb in Potsdam die Holzhäusergruppe für die Matrosen der kaiserlichen Marine als ein Stück Norwegen in Deutschland. *www.matrosenstation.de | Straßenbahn 93*

NEUER FRIEDHOF
(116 A5–6) (*m* G–H 7–8)

Letzte Ruhestätte unter anderem für den Landschaftsarchitekten Gustav Meyer (1816–77) und den Schriftsteller Bernhard Kellermann (1879–1951). Der nach 1863 eingeweihte und von Lenné gärtnerisch gestaltete Friedhof ist größter Potsdams. *Dez.–Feb. tgl. 8–16, März/April, Sept./Okt. 7–18, Mai–Aug. 7–20, Nov. 8–17 Uhr | Heinrich-Mann-Allee | Straßenbahn 91, 92, 93, 96, 98, 99*

VILLA SCHÖNINGEN (112 B–C5) (*m* J3)

„Spione, Mauer, Kinderheim – an der Brücke zwischen den Welten" nennt sich die multimediale Dauerausstellung in dem deutsch-deutschen Museum. Das steht direkt an der Glienicker Brücke, die durch Agentenaustausche zur

SEHENSWERTES

Einsteinturm: In dem expressionistisch gestalteten Observatorium wird noch heute geforscht

Zeit des Kalten Kriegs international bekannt geworden war. Regelmäßig zeigt das Museum auch **INSIDER TIPP** Sonderausstellungen zeitgenössischer Kunst von renommierten Künstlern. *Do/Fr 11–18, Sa/So 10–18 Uhr | Berliner Str. 86 | Tel. 0331 2 00 17 41 | www.villa-schoeningen.de | Straßenbahn 93*

VILLENKOLONIE NEUBABELSBERG
(117 E2) (*K–L 4–5*)
Hohe Regierungsbeamte und Industrielle ließen sich ab 1874 am Ostufer des Griebnitzsees prachtvolle Villen errichten, in denen in den 1930er- und 1940er-Jahren Ufa-Stars wie Marika Rökk und Gustav Fröhlich wohnten. Am Ende des Zweiten Weltkriegs residierten hier die Staatschefs Harry S. Truman, Winston Churchill, Clement Attlee und Josef W. Stalin. Auch heute werden die begehrten Villen teils von Prominenten bewohnt (s. S. 92). *Straßenbahn 94, 99 | Bus 694*

WISSENSCHAFTSPARK ALBERT EINSTEIN (115 E–F 5–6) (*G7–8*)
Die markantesten Bauwerke des Wissenschaftsparks auf dem *Telegrafenberg* sind der *Große Refraktor* von 1899 sowie der 20 m hohe, von Erich Mendelsohn 1924 zur experimentellen Überprüfung von Einsteins Relativitätstheorie errichtete *Einsteinturm*, der in seiner expressiven Form als einer der originellsten Bauten des 20. Jhs. gilt. Er dient auch heute noch als Sonnenobservatorium. Im Refraktor können Sie während einer Führung einen Blick durch das viertgrößte Linsenteleskop der Welt werfen. *Wissenschaftspark tgl. 8–18 Uhr, Innenbesichtigung des Turms nur Okt.–März mit Führung | Termine unter Tel. (Urania) 0331 29 17 41 | www.urania-potsdam.de | Bus 691*

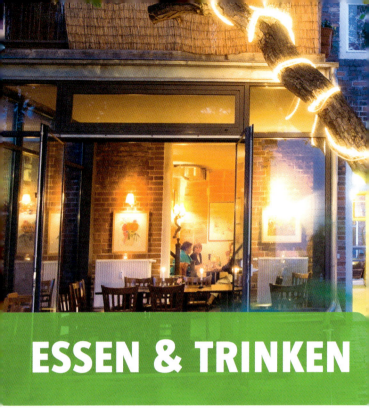

ESSEN & TRINKEN

Kräftig und würzig ist das Essen, solide Hausmannskost, aber keinesfalls einfallslos. Das beweisen die Auszeichnungen vieler Potsdamer Restaurants.

Die Palette der Gastronomiebetriebe ist groß. Jeder findet hier das Ambiente, in dem er sich wohlfühlt, Speisen seines Geschmacks und viele Gerichte in allen Preislagen. Eine eigene Potsdamer Küche gibt es nicht, aber eine regionale. Die wird geprägt von dem, was die Gegend so hergibt, das sind Fisch aus den umliegenden Seen, Beelitzer Spargel, Teltower Rübchen, Spreewälder Gurken und die hoch im Kurs stehenden Kartoffeln. Und was typisch für Berlin ist, wird auch hier gegessen: Kassler beispielsweise (leicht geräucherter und gepökelter Schweinerücken), benannt nach dem einstigen Berliner Schlachtermeister Cassel in der Potsdamer Str. 15, oder Eisbein. Seit jeher wird zudem gern „gesuppt". So ist bekannt, dass Friedrich Wilhelm IV. im Mai 1846 Order gab, jeden Morgen Brunnen- und Gartenkresse, Gänseblümchen, Sauerampfer und andere Kräuter zu pflücken. Sie waren für den Naturforscher Alexander von Humboldt bestimmt, des Königs Gast. Er hatte täglich um eine Suppe mit diesen Kräutern gebeten. Aus DDR-Zeiten hat sich die Soljanka erhalten, die ihren Ursprung in der Ukraine hat. Gut zubereitet mit gekochtem Schinken, Kochsalami und Gewürzgurken hätte vielleicht sogar Humboldt für sie auf sein Kräutersüppchen verzichtet.

Zu Ruhm gelangten die INSIDER TIPP Teltower Rübchen, benannt nach einem

Bild: Maison Charlotte

Frischer Fisch, Beelitzer Spargel, Teltower Rübchen und der „Werderaner Wachtelberg" – das sind die Spezialitäten Potsdams

kleinen Städtchen östlich von Potsdam. Unter dem Stichwort „Teltower Rübchen" steht im „Universal-Lexikon Kochkunst" von 1899: „Eine berühmte Zuchtform der weißen Rübe, die im Sandboden der Mark Brandenburg angebaut wird." Das mit der Zuchtform ist arg übertrieben, denn im kargen märkischen Sandboden bleiben die Rüben winzig und bekommen dadurch ihren zarten Geschmack. Goethe, als Feinschmecker bekannt, probierte sie bei seinem Berlin-Besuch und ließ sich fortan regelmäßig welche mit der Postkutsche nach Weimar schicken. In den letzten Jahren erlebten die kleinen Wurzeln mit dem pikanten Geschmack eine Renaissance. Ein Verein, der über Anbau und Vermarktung wacht, hat als Kriterien festgelegt: höchstens 2,5 cm dick und daumenlang.

Eine weitere Delikatesse in Potsdam ist der Spargel. Rund um Beelitz, fast vor den Toren der Stadt, wächst er im märkischen Sandboden bestens. In der Spargelsaison von Mitte April bis zum 24. Juni, dem Johannistag, steht frischer

Beelitzer Spargel in wohl jedem Restaurant auf der Karte. Er ist hier so etwas wie der Rolls-Royce der Spargelsorten. Der kurze Weg vom Erzeuger bis zum Verbraucher garantiert: Was morgens in aller Frühe gestochen wurde, wird Ihnen noch am gleichen Tag serviert. Daher ist Spargelessen in Potsdam Kult. Immer mehr Restaurants bringen den Spargel nicht mehr nur traditionell mit zerlassener Butter oder Sauce hollandaise auf den Tisch, sondern bieten immer neue Spargelkreationen an.

Eine gute Orientierung für den Gast ist das Siegel „Potsdamer Gastlichkeit", mit dem sich besonders empfehlenswerte Restaurants, Cafés und Kneipen schmücken dürfen. Diese haben sich erfolgreich einer freiwilligen Prüfung zur Qualität von Speisen und Getränken, Ambiente und Service unterzogen.

Die Potsdamer trinken mit Vorliebe Bier, das Pils aus der eigenen Stadt, aber auch das der bekannten ostdeutschen Traditionsmarken Radeberger, Wernesgrüner oder Lübzer. Im Sommer ist die Berliner Weiße beliebt, ein obergäriges, leicht säuerliches Weißbier. Man trinkt es „mit Schuss" – und dieser ist ein Schnapsgläschen Himbeer- oder Johannisbeersirup. Wer „Weiße mit Strippe" bestellt, bekommt einen Kümmel dazu.

In Werder auf dem Wachtelberg sprießen heute auf 62 000 m^2 die Reben für einen trockenen Müller-Thurgau. Damit wurde eine alte Tradition wiederbelebt. Der „Werderaner Wachtelberg" ist ein milder Wein, der jung am besten schmeckt. In Brandenburgs Gaststätten müssen Raucher die Glimmstängel stecken lassen. Ausnahmen vom Rauchverbot gelten in Gaststätten mit weniger als 75 m^2, wenn sie über keinen abgetrennten Raum verfügen und keine zubereiteten Speisen anbieten. Der Raucherbereich muss deutlich gekennzeichnet sein. Personen unter 18 Jahren haben keinen Zutritt.

Französische Schokoladenspezialitäten und feine Landhausküche: La Maison du Chocolat

ESSEN & TRINKEN

CAFÉS

CAFÉ GUAM (115 E2) (*G5*)
Die Spezialität des Cafés sind **INSIDERTIPP köstliche Käsetorten**, die Sie nicht nur hier genießen, sondern auch mit nach Hause nehmen können. Bis zu 30 verschiedene Sorten werden vom hauseigenen Konditor hergestellt. Abends auch Barbetrieb. *Tgl. | Mittelstr. 38 | Tel. 0331 2070 0164 | www.cafe-guam.de | Straßenbahn 92, 96*

CAFÉ HEIDER (115 E2) (*F5*)
In dem seit 1878 bestehenden Kaffeehaus erhalten Sie Spezialitäten, wie sie schon der einstige kaiserlich-königliche Hofkonditor kreierte. Längst ist das Heider nicht mehr nur Café, sondern auch ein gutes Restaurant. Beliebt ist der üppige Sonntagsbrunch (10–13 Uhr). *Tgl. | Friedrich-Ebert-Str. 29 | Tel. 0331 2 70 55 96 | www.cafeheider.de | Straßenbahn 92, 96 | Bus 609, 692*

INSIDERTIPP GOOD DEATS
(115 E2) (*G5*)
Potsdams erstes veganes Café! Die selbst gemachten Kuchen und Torten, Cupcakes und Törtchen, Bagels und Salate in Bioqualität kommen ganz ohne tierische Zutaten aus, ebenso wie die Pralinés und Schokoladen aus der hauseigenen Pralinenmanufaktur. *Mo geschl. | Kurfürstenstr. 9 | Tel. 0331 58 39 93 06 | www.gooddeats.com | Straßenbahn 92, 96*

LINDENCAFE (116 C4) (*J6*)
Wiener Kaffeehausflair am Bahnhof Babelsberg. Das Angebot reicht von Frühstück, **INSIDERTIPP italienischem Eis aus eigener Eismanufaktur**, Torten und Kuchen bis zu wechselnden Tagesgerichten. *Tgl. | Rudolf-Breitscheid-Str. 47/48 | Tel. 0331 74 00 08 84 | www.redo-lindencafe.de | Straßenbahn 94, 99 | Bus 694*

LA MAISON DU CHOCOLAT ★
(115 E–F2) (*G5*)
Der Name ist Programm: köstliche Schokoladentorten, französische Tartes und Obstkuchen aus der hauseigenen Konditorei. Die Spezialität ist französische Trinkschokolade, die so richtig schokoladig schmeckt. Im angeschlossenen Restaurant *Ce Soir* erwartet Sie französische Landhausküche. *Tgl. | Benkertstr. 20/Ecke Mittelstraße | Tel. 0331 2 37 07 30 | www.schokoladenhaus-potsdam.de | Straßenbahn 92, 96 | Bus 609, 692*

POTSDAMER KULTURCAFÉ
(115 E2) (*G5*)
Pfiffige vegetarische Gerichte aus biologischem Anbau: Pasta, Salate, Suppen, feine Desserts und Kuchen. Ein Gedicht ist die **INSIDERTIPP Trinkschokolade**, die nach einem traditionellen Rezept hergestellt wird. Regelmäßige Lesungen, Kleinkunst und Ausstellungen. *Mo geschl. | Benkertstr. 23 | Tel. 0331 5 05 80 08 | www.potsdamerkulturcafe.de | Straßenbahn 92, 96*

MARCO POLO HIGHLIGHTS

★ **La Maison du Chocolat**
Eine köstliche Verführung der Sinne → S. 63

★ **Drachenhaus**
Exotisches Ambiente und eine frische, regionale Küche → S. 65

★ **Friedrich Wilhelm**
Ein Michelin-Stern für die exzellente Kochkunst von Alexander Dressel → S. 64

★ **Meierei im Neuen Garten**
Potsdams beliebtester Biergarten → S. 67

RESTAURANTS €€€

RESTAURANTS €€€

BRASSERIE ZU GUTENBERG
(115 E2) (*① F5*)

Ein Hauch französische Lebensart: frische französisch-deutsche Küche mit Klassikern wie Wiener Schnitzel, Zander oder Steak. Aber auch einfache Gerichte wie Zwiebelkuchen oder Croque Madame. *Tgl. | Jägerstr. 10/Ecke Gutenbergstraße | Tel. 0331 74 03 68 78 | www.brasserie-zu-gutenberg.de | Straßenbahn 92, 96*

DER BUTT (115 E2) (*① F5*)

Das Fischspezialitätenrestaurant überzeugt mit frisch zubereiteten klassischen Fischgerichten. Dabei finden sowohl Süßwasserfische als auch die Bewohner der Weltmeere Verwendung. *Tgl. | Gutenbergstr. 25 | Tel. 0331 2 00 60 66 | www. der-butt.de | Straßenbahn 92, 96*

MA CUISINE (115 E2) (*① G5*)

Mit Antiquitäten und moderner Kunst eingerichtetes kleines Restaurant, in dem eine authentische französische Küche zelebriert wird. Beliebt sind die `INSIDER TIPP` Whiskyverkostungen, begleitet von kleinen schottischen Leckereien (mit Anmeldung!). Kein Wunder: Der Chef gilt als Kenner, er ist Schotte. *So/Mo geschl. | Hebbelstr. 54 | Tel. 0331 2 43 77 20 | www. ma-cuisine.de| Straßenbahn 92, 96*

`INSIDER TIPP` MAISON CHARLOTTE
(115 E2) (*① G5*)

Der Koch, dem Sie bei der Arbeit zuschauen können, zaubert Gaumenfreuden auf die Teller. Köstlich ist die bretonische Fischsuppe, schön der lauschige Innenhof. *Tgl. | Mittelstr. 20 | Tel. 0331 2 80 54 50 | www.maison-charlotte.de | Straßenbahn 92, 96 | Bus 692*

GOURMETTEMPEL

Fiore ⏱ (115 E2) (*① F5*)

Feines Restaurant mit einer mehrfach ausgezeichneten Küche, in der aus frischen Produkten der Region innovative Gerichte entstehen. *Hauptgerichte ab 21 Euro | tgl. | Hegelallee 11 | im Hotel Jägertor | Tel. 0331 2 01 11 00 | www. hotel-am-jaegertor.de | Bus 692*

Friedrich Wilhelm ⭐ ●
(114 A4) (*① C6*)

In dem edlen Restaurant erkochte sich Alexander Dressel einen Michelin-Stern. Hier genießen Sie eine neue deutsche Küche aus vorrangig regionalen Erzeugnissen. *Hauptgerichte ab 28 Euro | nur abends, So/Mo geschl. | Im Wildpark | Elisenweg 2 | Tel. 0331 55 05 50 | www. bayrisches-haus.de | Bus 631*

Restaurant Juliette (115 E2) (*① F5*)

In dem kleinen Gourmetrestaurant, gemütlich rustikal mit Kamin eingerichtet, erhalten Sie eine feine, leichte französische Küche. *Hauptgerichte ab 26 Euro | Jan–Nov. Di geschl. | Jägerstr. 39 | Tel. 0331 2 70 17 91 | www.restaurant-juliette.de | Straßenbahn 92 | Bus 694, 695, 697*

Speckers Landhaus ⏱ (115 E1) (*① F4*)

In dem kleinen Landhaus kocht Familie Specker feine, mitunter auch deftige Gerichte. Alles ist selbst gemacht, die Zutaten stammen von kleinen Erzeugern aus dem Umland. *Hauptgerichte ab 23 Euro | So/Mo geschl. | Jägerallee 13 | Tel. 0331 2 80 43 11 | www.speckers.de | Bus 692, 695*

ESSEN & TRINKEN

IL TEATRO (116 A2) *(📖 H5)*
Gehobene italienische Küche in der alten Zichorienmühle, die Sie mit herrlichem Blick auf den Tiefen See genießen können. *Tgl. | Schiffbauergasse 12 | Tel. 0331 20 09 72 91 | www.ilteatro-potsdam.de | Straßenbahn 93, 94, 99*

RESTAURANTS €€

ALTER STADTWÄCHTER
(115 D3) *(📖 F5)*
Rustikales Ambiente im ehemaligen Nachtwächterhaus an der Stadtmauer. Hausmannskost aus Deutschland und Österreich. *Tgl. | Schopenhauerstr. 31 | Tel. 0331 90 37 41 | www.alter-stadtwaechter.de | Straßenbahn 91, 94, 98*

DRACHENHAUS ★ ⏱
(118 B2) *(📖 D5)*
Intime Atmosphäre in einer Pagode. Die Küche verarbeitet vorwiegend regionale naturbelassene Produkte, die Torten und Blechkuchen kommen aus der hauseigenen Bäckerei. Ein Genuss ist das INSIDER TIPP Bioeis aus hochwertigen natürlichen Rohstoffen, es wird in einer kleinen Manufaktur in der Uckermark in alter Handwerkstechnik hergestellt. *Tgl., Nov.–März Mo geschl. | Maulbeerallee 4 | Tel. 0331 5 05 38 08 | www.drachenhaus.de | Bus 695*

FROSCHKASTEN (115 D3) *(📖 F6)*
Viele Deko-Frösche zieren den Gastraum einer der ältesten Potsdamer Gaststätten. Zu essen gibt es traditionelle Berliner Küche und Fischspezialitäten. *Tgl. | Kiezstr. 3/4 | Tel. 0331 29 13 15 | www.froschkasten.de | Bus 606*

GASTMAHL DES MEERES
(111 D2) *(📖 F5)*
Frischer Fisch aus den märkischen Seen, darunter auch Hecht und Zander. Ne-

Nobellokal mit kreativer französischer Küche: Restaurant Juliette

ben den hausgemachten Fischspezialitäten gibt es auch eine kleine Auswahl an Pasta-, Fleisch- und fleischlosen Gerichten. *Tgl. | Brandenburger Str. 72 | Tel. 0331 29 18 54 | www.gastmahl-des-meeres.com | Straßenbahn 91, 94, 98*

DER HAMMER (115 E3) *(📖 F6)*
Saisonale Gerichte werden in der ehemaligen Schmiede des Kutschstalls in der INSIDER TIPP offenen Showküche mediterran angehaucht zubereitet. *Tgl. | Am Neuen Markt 9a/b | Tel. 0331 9 51 05 85 | www.kutschstall-potsdam.de | Bus 606*

RESTAURANTS €€

SPEZIALITÄTEN

▶ **Aal grün** – zerteilter und in Brühe gekochter Aal, serviert in einer mit saurer Sahne und gehackten Kräutern zubereiteten Sauce; dazu gehört Gurkensalat
▶ **Buletten** – Hackfleischbällchen, anderswo Frikadellen genannt (Foto li.)
▶ **Eier-Spargel-Salat** – Eierscheiben, kleine Spargelstücke, Zwiebelringe und Mandarinen in einer würzigen Sauce; dazu gibt es Bauernbrot und Tomaten
▶ **Eisbein** – gepökelte, portionierte Schweinehaxe, serviert mit Sauerkraut, Erbsenpüree und Kartoffeln
▶ **Gedünsteter Hecht mit Meerrettich** – Scheiben vom Hecht mit einer aus dem Fischsud hergestellten Meerrettichsauce, mit Petersilienkartoffeln gereicht
▶ **Gefüllte Schmorgurke** – mit Gehacktem gefüllte Gurkenhälfte, in siedender Brühe glasig geschmort
▶ **Gratinierte Spargel-Eierkuchen** – mit Spargel gefüllter Pfannkuchen, gratiniert mit Käse und Eigelb-Sahne-Sauce

▶ **Gurkenauflauf** – geschälte Gurkenwürfel, in eine Auflaufform mit Tomaten- und Eischeiben geschichtet; goldgelb überbacken mit Semmelbröseln und geriebenem Käse
▶ **Gurkenpilze** – mit Eier-Radieschen-Masse gefüllte, ausgehöhlte Gurke
▶ **Havelzanderschnitte Müllerinart** – goldgelb gebratene, mit Zitronenscheiben angerichtete Zanderscheiben, die mit dem Bratfett, Kartoffeln und frischem Salat gereicht werden (Foto re.)
▶ **Kartoffelsuppe** – gern serviert mit einer Bockwurst, saurer Sahne und gerösteten Weißbrotwürfeln
▶ **Käsekuchen** – die Berliner sagen zu Quark meist Käse, was viele Potsdamer übernommen haben; so befindet sich auf dem Hefeteig eine schmackhafte Quarkmasse
▶ **Märkischer Schmorbraten** – geschmortes Rindfleisch, dessen Sauce mit saurer Sahne und Senf zubereitet wird

KLOSTERKELLER (115 E2) (*ɯ F5*)
Hausgemachte, regionale Spezialitäten im historischen Ambiente, Weine aus aller Welt. Durch die zentrale Lage oft gut besucht. *Tgl. | Friedrich-Ebert-Str. 94 | Tel. 0331 291218 | www.klosterkeller. potsdam.de | Straßenbahn 92, 96*

RUSSISCHES RESTAURANT & TEESTUBE (111 E5–6) (*ɯ F4*)
Borschtsch, Soljanka und weitere deftig-leckere INSIDER TIPP▶ Spezialitäten aus Russland sowie hauseigene Teemischungen aus dem Samowar. Beim „Baltika", dem kräftigen Bräu aus St. Petersburg,

ESSEN & TRINKEN

sollte Zurückhaltung angesagt sein, denn der Alkoholgehalt ist höher als bei einheimischen Bieren. *Mo geschl. | Alexandrowka 1 | Tel. 0331 2 00 64 78 | www. sakuska.de | Straßenbahn 92, 96*

ZUM FLIEGENDEN HOLLÄNDER
(115 E2) *(ന G5)*

Mit der Rekonstruktion der historischen Gaststätte von 1883 wurde ein Stück Potsdamer Stadtgeschichte wiederbelebt. Ein gemütlicher Tresen und fünf Gasträume auf zwei Etagen. Auf den Tisch kommen vor allem verfeinerte märkische Gerichte und gepflegte Biere. *Tgl. | Benkertstr. 5 | Tel. 0331 27 50 30 | www. zum-fliegenden-hollaender.de | Straßenbahn 92, 96*

ZUR HISTORISCHEN MÜHLE
(119 E3) *(ന E5)*

Das traditionelle Ausflugslokal in unmittelbarer Nähe von Schloss Sanssouci hat Mövenpick neu belebt. Im angebauten gläsernen Palmengarten, im Café der Sommerterrasse oder im Biergarten erwartet Sie ein breites Speisenangebot. *Tgl. | Zur Historischen Mühle 2 | Tel. 0331 28 14 93 | www.moevenpick-restaurants. com | Bus 695*

RESTAURANTS €

CRÊPERIE LA MADELEINE
(115 D2) *(ന F5)*

Très chic, très français: Hier kommt Frankreich-Feeling auf. Herzhafte Galettes aus Buchweizen-, süße Crêpes aus Weizenmehl, gefüllt mit allem, was das Herz begehrt. *Tgl. | Lindenstr. 9 | Tel. 0331 2 70 54 00 | www.creperie-potsdam.de | Bus 692*

EMILS UNIKUM (114 A2) *(ന C5)*

Lokale Gerichte und Snacks nicht weit vom Park Sanssouci. Freitags ab 18 Uhr

gibt es Essen vom heißen Stein, verschiedene Fleischsorten, Garnelenspieße gegrillt, dazu gute Saucen und Baguette. *Tgl. | Kaiser-Friedrich-Str. 2 | Tel. 0331 50 04 99 | www.onkel-emil.de | Bus 605, 606*

MEIEREI IM NEUEN GARTEN ★ ☀
(111 F4) *(ന G2)*

Die Gasthausbrauerei direkt am Jungfernsee ist Potsdams beliebtester Biergarten. In den kupfernen Braukesseln werden das *„Meierei hell"*, ein naturtrübes helles Bier, und ein **INSIDER TIPP** alle vier Wochen wechselndes Spezialbier gebraut. Empfehlenswerte Gerichte dazu sind Bratwurstschnecke in Zwiebel-Bier-Sauce, Stampfkartoffeln und Rote Bete. *Mo geschl. | Im Neuen Garten 10 | Tel. 0331 7 04 32 11 | www.meierei-potsdam. de | Bus 603*

LOW BUDGET

▶ Linsen-, Fisch- oder Kartoffelsuppe, die Alternative für den kleinen Hunger zwischendurch: Bis zu sechs verschiedene Suppen werden im *Soup Bistro* **(115 E2)** *(ന F5)* *(Mo–Fr | Gutenbergstr. 22 | Tel. 0331 2 01 16 11)* frisch gekocht, und das zu moderaten Preisen ab 2,50 Euro.

▶ Im *Bistro der IHK Potsdam* **(115 E3)** *(ന F6)* *(Breite Str. 2a | Tel. 0331 2 78 64 66 | www.essenzzeit. de)* können Sie in der Woche relativ preiswert Mittag essen. Zur Wahl stehen vier Gerichte, darunter immer eine Suppe oder ein Eintopf sowie ein vegetarisches Gericht. Die Preise für Gäste liegen zwischen 2,50 und 4,10 Euro.

EINKAUFEN

„Broadway" nennen die Potsdamer gern und mit Augenzwinkern die Brandenburger Straße (115 D–E2) *(ΩF5)*, ihre Bummel- und Shoppingmeile, die weniger von großen Kaufhäusern als von kleinen Geschäften in barocken Häusern geprägt ist.

Werfen Sie unbedingt auch einen Blick in die Nebenstraßen. In den dazwischenliegenden Innenhöfen wie *Luisenforum*, *Lindenhof* oder *Hofgarten-Karree* werden Sie so manche Entdeckung machen. Am Ende der Brandenburger Straße laufen Sie nur über die Friedrich-Ebert-Straße und sind im *Holländischen Viertel* (115 E2) *(ΩG5)* mit seinen vielen kleinen Geschäften, die im Sommer einen Teil ihres Angebots auf dem Gehweg präsentieren.

BIOPRODUKTE & REGIONALES

BIO-BACKHAUS 🌱 (115 E2) *(ΩF5)*
Die Rohstoffe für die leckeren Backwaren kommen aus kontrolliert biologischem Anbau. *Friedrich-Ebert-Str. 87 | www.dasbiobackhaus.de | Straßenbahn 92, 96*

BIO COMPANY 🌱 (116 A2) *(ΩH5)*
Bioprodukte und Naturkosmetik von Bauern und Handwerksbetrieben aus der Region. *Schiffbauergasse 4b | www.biocompany.de | Straßenbahn 93, 94, 99*

KRONGUT BORNSTEDT ★ 🌱
(119 D2) *(ΩD4)*
Viele der im Angebot befindlichen landestypischen Produkte werden auf dem

68 Bild: Shoppen im Holländischen Viertel

Shopping in hübschen Innenhöfen: Zahlreiche Geschäfte verstecken sich in der City hinter Toreinfahrten

Hohenzollern-Mustergut selbst produziert, Braunbier, Kommissbrot, aber auch Keramiken und Handgewebtes. *Ribbeckstr. 6/7 | www.krongut-bornstedt.de | Straßenbahn 92 | Bus 692*

GALERIEN

GALERIE ALBERT BAAKE
(115 E2) (*G5*)
Prominente Künstler wie Udo Lindenberg, Frank Zander oder Elvira Bach stellen in der Galerie auf drei Etagen aus. Ein Schwerpunkt ist die moderne und traditionelle Malerei zum Thema Golfsport. *Mittelstr. 30 | www.albert-baake.de | Straßenbahn 92, 96*

GALERIE PETER KURGAN
(115 E2) (*G5*)
Die besondere Spezialität von Peter Kurgan sind Wüstensandbilder. 40 verschiedene Sandsorten aus unterschiedlichen Wüsten und Erdteilen und eine besondere Brenntechnik setzt er dafür ein, um ein faszinierendes, einmaliges Bild zu er-

69

KERAMIK

Spreewaldgurken und vieles mehr gibt es samstags auf dem Bauernmarkt am Weberplatz

halten. *Mittelstr. 34 | www.galerie-peter-kurgan.de | Straßenbahn 92, 96*

KERAMIK

KÖNIGSBLAU KERAMIK
(115 E2) (*G5*)
Aus dem Fläming-Dorf Schmerwitz kommen die schönen handgetöpferten und bemalten Gefäße. *Mittelstr. 7 | www.koenigsblau-schmerwitz.de | Straßenbahn 92, 96*

MÄRKTE

FLOH- UND BAUERNMARKT
(116 C3) (*J6*)
Wer Shopping unter freiem Himmel mag, frische Produkte oder auch nur Krimskrams sucht, der eilt samstags 7–13 Uhr zum Babelsberger Weberplatz. *Straßenbahn 94, 99 | Bus 694*

POTSDAMER WOCHENMARKT
(115 F2) (*G5*)
Bei den Händlern auf dem Bassinplatz finden Sie vor allem frisches Obst und Gemüse, vieles aus dem Havelland. *Mo–Fr 7–16, Sa 7–13 Uhr | Straßenbahn 92, 96*

SCHMUCK & DESIGN

INSIDER TIPP GENNA D'ORO
(115 D2) (*F5*)
Unkonventionelle Goldschmiede und Café in einem. Sie schauen zu, wie der Unikatschmuck, auch nach Ihren eigenen Wünschen, gefertigt wird. Im Café erhalten Sie italienische Spezialitäten. Beliebt sind auch die Schmuckworkshops, in denen Sie selbst Ihr Schmuckstück kreieren können. *Hermann-Elflein-Str. 8–9 | Straßenbahn 91, 94, 98 | Bus 606, 692*

PERLENTAUCHER (115 E2) (*G5*)
Hier werden Sie zum Schatzsucher: Perlen jeder Größe und Couleur sowie Schmuckzubehör für Ihre individuellen Kreationen, ebenso eine Auswahl an Art-déco-Schmuck. Oder Sie lernen in einem der Kurse, wie Sie sich Ihren Lieblingsschmuck selbst herstellen. *Benkertstr. 9 | www.perlentaucher-potsdam.de | Straßenbahn 92, 96*

EINKAUFEN

SPEZIALITÄTEN

ALTES POTSDAMER TEE- & GEWÜRZ-KONTOR (115 D3) (*⌖ F5*)
Honig aus aller Welt, italienische Basilikumsauce, orientalische Gewürze, französischer Senf, über 300 Teesorten und vieles mehr. *Lindenhof-Passage | Straßenbahn 94, 96 | Bus 695*

CONFISERIE FELICITAS ★ ● ☺
(115 D3) (*⌖ F5*)
Wer kann dem verführerischen Duft der exklusiven Schokoladen und Pralinés widerstehen? Ein Großteil der Tafelschokolade ist in Bioqualität, ob Kakaobohnen, Zucker oder Milch, jede einzelne Zutat kommt aus biologischer Landwirtschaft. INSIDER TIPP In der Bioschokoladenmanufaktur können Sie zuschauen, wie die Köstlichkeiten entstehen. *Gutenbergstr. 26 | www.confiserie-felicitas.de | Straßenbahn 92, 96 | Bus 695*

GÖTZ + GÖTZ (115 E2) (*⌖ F5*)
Eine wahre Fundgrube für Teeliebhaber: eine Riesenauswahl an hochwertigen Tees aus der ganzen Welt, edler Schokoladen, Pralinen und Gebäck. Gönnen Sie sich eine kleine Pause bei einer Tasse Tee im gemütlichen INSIDER TIPP Teesalon! *Gutenbergstr. 98 | www.goetz-goetz.de | Straßenbahn 92, 96 | Bus 695*

SENF ELFEN FEINKOST ☺
(115 D2) (*⌖ F5*)
Die „Senf-Elfen" der Senfmanufaktur produzieren verschiedene Senfsorten von mild bis feurig-scharf, ganz ohne künstliche Zusatzstoffe in alter Handwerkstradition und aus regionalen Produkten. Weiterhin gibt es Essig, Öle, Gewürze, Liköre, Aufstriche und verschiedene Chutneys. *Hermann-Elflein-Str. 11 | www.senf-elfen.de | Straßenbahn 91, 94, 98 | Bus 606, 692*

LOW BUDG€T

▶ In der gläsernen Fabrik von *Katjes* **(117 E5)** (*⌖ L7*) *(Mo–Fr 10–18, Sa 10–16 Uhr | Wetzlarer Str. 96–106 | www.katjes.de)* können Sie bei der Produktion zusehen. Danach geht's zum Werksverkauf – hier gibt es alle Katjes-Produkte günstig zu kaufen.

▶ Jedes Buch kostet nur 3 Euro im *Antiquariat Bücherfundgrube* **(115 D3)** (*⌖ F5*) *(Brandenburger Str. 68)* und 1 Euro in der *Herrmann-Elflein-Str. 21* **(115 D3)** (*⌖ F5*) *(im Lindenhof)*.

VANILLE & KORIANDER ☺
(115 E2) (*⌖ F5*)
Feinkostgeschäft mit hausgemachten Produkten aus frischen Zutaten wie sortenreinen italienischen und griechischen Olivenölen, Konfitüren, Pasta, Gewürzen, Weinen und Bränden sowie Küchenaccessoires und allem, was zu einem schön gedeckten Tisch gehört. Auch INSIDER TIPP Kochkurse zur Zubereitung von Fingerfood, Pasta, Fisch oder Mousse (Online-Anmeldung!). *Gutenbergstr. 28 | www.vanilleundkoriander.de | Straßenbahn 92, 96*

MARCO POLO HIGHLIGHTS

★ **Krongut Bornstedt**
Regionalprodukte: Das Angebot reicht vom Brot über Bier bis zu Keramiken und Glas → S. 68

★ **Confiserie Felicitas**
Handgefertigte Schokoladen und Pralinen, vieles in Bioqualität → S. 71

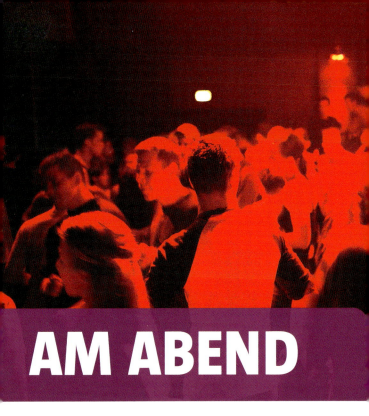

AM ABEND

Aus rund 1000 Veranstaltungen pro Jahr können Sie wählen – dabei bietet die Stadt jedem etwas, dem Nachtschwärmer ebenso wie dem Kulturgourmet.

Potsdams Kunst- und Kulturszene trifft sich seit Kurzem in der *Schiffbauergasse*. Hier, am Ufer des Tiefen Sees, entstand der neueste Kulturstandort der Stadt. Reggae, Elektro, Hip-Hop, Nachwuchsband oder Superstar, das Programm im *Waschhaus* ist vielfältig. Dazu kommen Partys bis in die frühen Morgenstunden. Wer für das Waschhaus keine Karten mehr bekommt, der braucht nur um die Ecke zu gehen, trendige Locations gibt es genug, besonders im Holländischen Viertel.

Zum Wahrzeichen der Schiffbauergasse wurde das *Hans-Otto-Theater* mit seinem breit gefächerten Spielplan und der eigenwilligen muschelartigen Überdachung von Zuschauer- und Foyerbereich. Das *Neue Theater* gehört zu Deutschlands modernsten Spielstätten, das *Schlosstheater* im Neuen Palais dagegen zu den schönsten historischen Theatern Europas. Mit dem *Nikolaisaal* besitzt Potsdam auch eine hervorragende Stätte für Konzerte.

BARS

BAROMETER (115 D2) *(F5)*
Gute Cocktails in einem versteckten Kellergewölbe im Hinterhof. Die Karte umfasst rund 180 verschiedene Drinks. *So geschl. | Gutenbergstr. 103 | Straßenbahn 92, 96 | Bus 609, 692*

Kultur querbeet: Theater, Kabarett und Schlosskonzerte, aber auch Bars und Szenekultur machen Potsdams Nächte attraktiv

CLUB LAGUNA (115 E2) (*F5*)
Angesagte Tanzbar im Lounge-Charakter, INSIDER TIPP freitags meist eine 1970er- und 1980er-Jahre-Fete. *Friedrich-Ebert-Str. 34 | www.clublaguna-potsdam.de | Straßenbahn 92, 96 | Bus 609, 695*

DISKOS & LIVEMUSIK

CLÄRCHENS TANZCAFÉ (117 E5) (*L7*)
Zwei Tanzflächen, drei Bars: Freitags und samstags ab 21.30 Uhr wird bis in den frühen Morgen gefeiert, auch für etwas „ältere Semester". *Großbeerenstr. 123–135 | www.clärchens.de | Bus 601, 690*

GUTENBERG 100 (115 E2) (*G5*)
Beliebte Musikkneipe im Holländischen Viertel, Kult sind die INSIDER TIPP Karaokepartys. *Do–So ab 20 Uhr | Kurfürstenstr. 52 | www.gutenberg100.de | Straßenbahn 92, 96 | Bus 609, 692*

WASCHHAUS ★ (116 A2) (*H5*)
Kulturelle Vielfalt und Trendsetting in einer alten Militärwäscherei: Die Musikpa-

73

KABARETT

lette reicht von Rock/Pop über Ethno und Jazz bis Klassik. Auch Veranstaltungen zu Film, Literatur, bildender Kunst und Tanz. *Schiffbauergasse 6 | www.waschhaus.de | Straßenbahn 93, 94, 99*

KABARETT

KABARETT OBELISK POTSDAM
(115 E3) (*ill F5*)

Lachmuskelkater garantiert: Die satirisch-ironischen Programme nehmen den ganz normalen Alltag sowie die aktuelle Politik und Geschichte auf die Schippe. *Charlottenstr. 31 | Tel. 0331 29 10 69 | www.kabarett-potsdam.de | Straßenbahn 91, 94, 98*

KINO

FILMMUSEUM (115 E3) (*ill G6*)

Das museumseigene Kino mit moderner Vorführ- und Tontechnik und bequemen Sesseln im Marstall zeigt Glanzstücke der Weltfilmproduktion. Programm un-

LOW BUDGET

▶ Die leckeren Gerichte – Pasta, Vegetarisches, Geflügel – kosten in der Hinterhofkneipe *Hafthorn* **(115 E2)** **(*ill F5*)** *(tgl. ab 18 Uhr | Friedrich-Ebert-Str. 90 | Tel. 0331 2 80 08 20 | www.hafthorn.de)* nur 4–8 Euro. Dazu oft kostenlos Livemusik.

▶ Sparfüchse gehen am Donnerstagabend in eine Vorstellung des *Kabaretts Obelisk*! Das Ticket kostet dann lediglich 13 Euro, Dienstag, Mittwoch und Sonntag dagegen 17 Euro, am Freitag und Samstag sogar 19 Euro. *www.kabarett-potsdam.de*

ter *www.filmmuseum-potsdam.de*. *Di–So | Schloßstr. 1 | Tel. 0331 27 18 10 | Straßenbahn 91, 92, 93, 96, 98, 99*

THALIA KINOS BABELSBERG
(116 C4) (*ill J6*)

Das Programmkino zeigt einen Querschnitt von Filmkunst und Familienkino, der sich auch in verschiedenen Filmreihen wie „Film zum Sonntag" oder die Dokumentarfilmreihe „Leben live" manifestiert. *Rudolf-Breitscheid-Str. 50 | Tel. 0331 7 43 70 20 | www.thalia-potsdam. de | Straßenbahn 94, 99 | Bus 690, 693, 694 | S-Bahn S7*

KNEIPEN

HOHLE BIRNE (115 E2) (*ill G5*)

Bier- und Weinetablissement mit gemütlicher Atmosphäre mitten im Holländischen Viertel. Deftige deutsche Küche und mehr als 40 Biersorten, viele vom Fass. *Tgl. | Mittelstr. 19 | www.hohle-birne. de | Straßenbahn 92, 96 | Bus 609, 692*

WASCHBAR (114 C3) (*ill E6*)

Kneipe, Waschsalon, Bar und Kulturort in einem. Geboten werden kleines Theater, Musik und Livebands. *Tgl. | Geschwister-Scholl-Str. 82 | www.waschbar-pdm.de | Straßenbahn 91, 94, 98*

KONZERTE

NIKOLAISAAL POTSDAM
(115 E3) (*ill F5*)

Das Konzert- und Veranstaltungshaus der Landeshauptstadt mit vielseitigem und anspruchsvollem Musikprogramm. Der futuristische Saal kontrastiert mit der barocken Fassade des Hauses. Aber nicht nur die Optik, auch die Akustik ist bemerkenswert. *Wilhelm-Staab-Str. 10/11 | Tel. 0331 2 88 88 28 | www.nikolaisaal.de | Straßenbahn 91, 92, 94, 96, 98, 99*

AM ABEND

Potsdams neuer Renommierbau: das Hans-Otto-Theater mit einem vielseitigen Spielplan

THEATER

INSIDER TIPP ▶ FABRIK POTSDAM
(116 A2) (*H5*)
Tanz sehen, verstehen und selber tanzen: Das Internationale Zentrum für Tanz und Bewegungskunst bietet Aufführungen von jungen Tänzern, Inszenierungen internationaler Choreografen, Produktionen der Fabrik-Company und die *Potsdamer Tanztage*. *Schiffbauergasse 1 | Tel. 0331 2 80 03 14 | www.fabrikpotsdam.de | Straßenbahn 93, 94, 99*

HANS-OTTO-THEATER ★
(116 A2) (*H5*)
Im futuristisch anmutenden Theaterneubau am Tiefen See werden klassische und zeitgenössische Stücke gespielt. Weitere Spielstätten: Im wunderschön-barocken und original restaurierten *Schlosstheater* (118 A4) (*E5*) (Bus 605, 695 | zzt. wegen Sanierung geschlossen) im Neuen Palais beeindruckt auch die historische Rokokokulisse. Die *Reithalle A (Berliner Str. 27a)* widmet sich insbesondere dem Jungen Theater. *Schiffbauergasse 11 | Tel. 0331 9 81 18 | www.hansottotheater.de | Straßenbahn 93, 94, 99*

THEATERSCHIFF ● (116 A2) (*H5*)
Theater, aber auch Kabarett, Musik und Kino auf einem ausgedienten Lastkahn. Die Schiffskneipe ist an allen Spieltagen geöffnet, Do ab 19 Uhr gibt's Livemusik. *Schiffbauergasse | Tel. 0331 2 80 01 00 | www.theaterschiff-potsdam.de | Straßenbahn 93, 94, 99*

T-WERK (116 A2) (*H5*)
Schauspiel, Musik- und Maskentheater, Konzerte, Lesungen, Workshops: Das generationenübergreifende Theater bietet ein unkonventionelles Programm. *Schiffbauergasse 4e | Tel. 0331 71 91 39 | www.t-werk.de | Straßenbahn 93, 94, 99 | Bus N 16*

MARCO POLO HIGHLIGHTS

★ **Waschhaus**
Vielseitiges Programm mit Livemusik und multikulturellen Events → S. 73

★ **Hans-Otto-Theater**
Markante Architektur und leistungsstarkes Ensemble → S. 75

75

ÜBERNACHTEN

Unter den gegenwärtig fast 5000 Hotelbetten in Potsdam ist für jeden Preis und für jeden Geschmack etwas zu finden.
Die Palette reicht vom Luxushotel, zahlreichen 4- und 3-Sterne-Hotels, Frühstückshotels, netten Pensionen bis hin zum einfachen Bett in der Jugendherberge oder dem Hostel. Auch Ferienwohnungen und Unterkünfte in Privatquartieren sind vorhanden. Alle Hotels sind seit 1990 neu entstanden oder wurden umfassend saniert und renoviert. Während das Relais & Châteaux Hotel Bayrisches Haus als eine Oase von Ruhe und Luxus in privater Atmosphäre hervorsticht, lautet die Philosophie des Steigenberger Hotels dagegen: Vergessen Sie Krawatte und Kragen! Das dortige Ambiente des Amerikas der 1930er- und 50er-Jahre soll Ihnen mit dunklem Holz, warmen Grüntönen und Rattansesseln ein lässiges Lebensgefühl vermitteln.
Nicht wenige Postdambesucher quartieren sich in einem Haus in der reizvollen Seen- und Waldumgebung ein. Die Hotels und Pensionen dort bieten ebenfalls viel Komfort, sind aber fast immer preiswerter als ein Stadthotel.

HOTELS €€€

AM LUISENPLATZ ⭐ (115 D3) *(F5)*
Kleines, feines, privat geführtes Hotel mit 38 elegant eingerichteten Zimmern und Suiten sowie einem auffallend herzlichen Service. *Luisenplatz 5 | Tel. 0331 97 19 00 | www.hotel-luisenplatz.de | Straßenbahn 91, 94, 98*

Bild: Hotel Steigenberger

Luxusherberge oder schlichte Pension? Herzliche Gastgeber erwarten Sie in Hotels, Pensionen und Ferienwohnungen

ARCONA HOTEL AM HAVELUFER ★ ☼ (114 B5) (*E7*)
Historisches vereint sich mit Modernem: der denkmalgeschützte, von Persius errichtete Speicher und ein moderner Anbau bilden ein Hotelensemble direkt am Ufer der Havel. Von zahlreichen Zimmern in kräftiger Farbgestaltung haben Sie einen wunderschönen Blick auf den Fluss. Fitness, Wellness und Beauty erleben Sie gleich nebenan im 1100 m² großen externen ● *All Sports One (www.allsportsone-potsdam.de)* im Persiusspeicher. *123 Zi. | Zeppelinstr. 136 | Tel. 0331 9 81 50 | www.potsdam.arcona.de | Straßenbahn 91, 94, 98*

AVENDI HOTEL AM GRIEBNITZSEE ☼ (117 F3) (*M5*)
Hell und freundlich, direkt am Griebnitzsee. Ruhig und mit schönerem Blick wohnen Sie in den etwas teureren Zimmern zur Seeseite. Mit eigener Bootsanlegestelle. *87 Zi. | Rudolf-Breitscheid-Str. 190–192 | Tel. 0331 7 09 10 | www.avendi.de/griebnitzsee | Bus 694 | S-Bahn S 7*

77

HOTELS €€

Übernachten im Getreidespeicher oder im modernen Anbau: Arcona Hotel am Havelufer

DORINT SANSSOUCI
(115 D–E1) (*F4*)
Angenehmes Hotel gegenüber der Russischen Kolonie Alexandrowka, das höchsten Ansprüchen genügt. Mit großer Wellnesslandschaft. *291 Zi. | Jägerallee 20 | Tel. 0331 2740 | hotel-potsdam.dorint.com | Bus 692, 695*

INSELHOTEL HERMANNSWERDER
(114 C5) (*E8*)
Privat geführtes Haus in idyllischer Lage auf einer Halbinsel im Templiner See. Spa- und Wellnesscenter *Aquamarin* mit Seesauna, Außenpool und Salzgrotte, Seeterrasse, eigener Schiffsanlegestelle, Yachthafen und Badesteg. *88 Zi. | Hermannswerder 30 | Tel. 0331 23200 | www.inselhotel-potsdam.de | Bus 693*

SEMINARIS SEEHOTEL POTSDAM
(121 D4) (*O*)
First-Class-Hotel im Wald und am Templiner See; Wellnessbereich mit Pool, viele Sportmöglichkeiten im und am Wasser, Wander- und Joggingstrecken, Fahrradverleih, Schiffsanleger und Wassertaxihaltestelle. *225 Zi. | An der Pirschheide 40 | Tel. 0331 90900 | www.seminaris.de/potsdam | Straßenbahn 91, 98 | Bus 695*

STEIGENBERGER HOTEL SANSSOUCI
(115 D2) (*E5*)
Im angloamerikanischen Flair der 1930er- bis 50er-Jahre. Fotos erinnern an die große Zeit des Kinos, jedoch nicht an Hollywood, sondern an die Ufa- und Defa-Zeiten. *137 Zi., teils mit Terrasse | Allee nach Sanssouci 1 | Tel. 0331 90910 | www.steigenberger.com/potsdam | Straßenbahn 91, 94, 98*

HOTELS €€

ALTSTADT-HOTEL (115 E2) (*F5*)
Mitten im Stadtgeschehen: Familiär geführtes Haus mit komfortablen, freundlich eingerichteten Zimmern. *42 Zi. | Dortustr. 9–10 | Tel. 0331 284990 | www.altstadt-hotel-potsdam.de | Straßenbahn 91, 94, 98*

ÜBERNACHTEN

ASCOT BRISTOL (121 E4) (*Ⓜ O*)
Moderne, große Zimmer mit wohnlicher Atmosphäre. Das Hotel und fast die Hälfte der Zimmer sind barrierefrei. Als Gast fahren Sie kostenfrei mit öffentlichen Verkehrsmitteln in Potsdam und Berlin. *94 Zi. | Asta-Nielsen-Str. 2 | Tel. 0331 6 69 10 | www.hotel-ascot-bristol.de | Straßenbahn 92, 96, 99, 98 | Bus 693*

HOTEL AM GROSSEN WAISENHAUS
(115 D3) (*Ⓜ F6*)
Die historische „Kaserne für Beweibte" ist ein modernes Hotel geworden, die Zimmer von unterschiedlicher Größe und Ausstattung, auch „Quartiere" genannt, sind auf drei Etagen verteilt – teils mit alten Holzdielen. *34 Zi. | Lindenstr. 28–29 | Tel. 0311 6 010780 | www.hotelwaisenhaus. de | Straßenbahn 91, 92, 98*

HOTEL & APARTMENTHAUS ZUM HOFMALER (115 E2) (*Ⓜ G5*)
In einem Holländerhaus von 1740 – dem ehemaligen Domizil des Hofmalers von Friedrich dem Großen – erwartet Sie moderner Komfort. Einige Häuser weiter auch 6 Apartments für einen längeren Aufenthalt. *18 Zi. | Gutenbergstr. 73 und 78 | Tel. 0331 73 07 60 | www.hofmaler-hotel-potsdam.de | Straßenbahn 92, 96*

LANDHOTEL POTSDAM
(120 C3) (*Ⓜ O*)
Hotel am Stadtrand, rund 3 km vom Park Sanssouci entfernt, mit Wellnessoase, Kosmetik- und Massageangebot. *58 Zi. | Reiherbergstr. 33 | Golm | Tel. 0331 60 11 90 | www.landhotel-potsdam. de | Bus 606*

DAS KLEINE APARTMENTHOTEL
(115 E2) (*Ⓜ G5*)
INSIDER TIPP ▶ Wohnen im Holländischen Viertel: in zehn Apartments mit einer Größe von 26 bis 78 m² samt Kü-

che. Ein kleiner Innenhof lädt zum Entspannen ein. Auch Fahrräder stehen zur Verfügung. *Kurfürstenstr. 15 | Tel. 0331 27 91 10 | www.hollaenderhaus.potsdam. de | Straßenbahn 92, 96 | Bus 609, 692*

LOW BUDG€T

▶ Buchen Sie *Potsdam à la Card*, erhalten Sie oft vergünstigte Übernachtungen samt *Potsdam & Berlin Welcome-Card ABC* zur freien Nutzung des öffentlichen Nahverkehrs in Potsdam und Berlin sowie eine Altstadtführung. *www.potsdam-ala-card.de*

▶ Zahlreiche Potsdamer Hotels bieten beim *Winter-Special* von November bis März (außer Weihnachten und Neujahr) Doppelzimmer mit Frühstück für 59 bzw. 79 Euro (sonst 75–95 bzw. ab 99 Euro) an. *www. potsdamtourismus.de*

MARCO POLO HIGHLIGHTS

★ **Am Luisenplatz**
Elegantes Hotel mit Wohlfühlzimmern und einem herzlichen Service → S. 76

★ **Arcona Hotel Am Havelufer**
Ein alter Getreidespeicher mit modernem Design und phantastischer Lage → S. 77

★ **Schiffspension Luise**
Auf dem Wasser des Tiefen Sees die Nacht verbringen → S. 80

★ **Schlossgarten Hotel**
Charmantes, kleines Hotel garni am Park Sanssouci → S. 80

HOTELS/PENSIONEN €

NH VOLTAIRE POTSDAM
(115 E2) (*F5*)
Einige Superiorzimmer und Suiten des zentral gelegenen Hotels sind im historischen Brühl-Palais-Flügel untergebracht. Vom kleinen Wellnessbereich haben Sie Zugang zur großen Dachterrasse mit tollem Blick auf Potsdam. *143 Zi. | Friedrich-Ebert-Str. 88 | Tel. 0331 2 31 70 | www.nh-hotels.com | Straßenbahn 92, 96*

SCHIFFSPENSION LUISE ★
(112 B6) (*H4*)
Ein alter Transportkahn am Ufer des Tiefen Sees wurde in die schmucke Schiffspension verwandelt. Größe und Komfort der fünf Kajüten sind unterschiedlich. *Berliner Str. 58 | Tel. 0331 24 02 22 | www.schiffspension.de | Straßenbahn 93*

SCHLOSSGARTEN HOTEL ★
(114 A4) (*D6*)
Romantisches kleines Hotel in einem ruhigen Villenviertel vis-à-vis von Park Sanssouci. Ob Bordüren-, Purpur- oder Wildrosenzimmer, alle sind individuell gestaltet und sorgen für ein angenehm-harmonisches Ambiente zum Wohlfühlen. *17 Zi. | Geschwister-Scholl-Str. 41a | Tel. 0331 97 17 00 | www.schlossgartenhotel-potsdam.de | Bus 606*

WYNDHAM GARDEN POTSDAM HOTEL
(114 A4) (*C6*)
Wer es ruhiger mag, ist hier richtig: Unweit vom Neuem Palais gelegenes Vier-Sterne-Haus mit modern ausgestatteten Zimmern und gratis WLAN. *92 Zi. | Forststr. 80 | Tel. 0331 9 81 20 | www.wyndhamgardenpotsdam.com | Bus 695*

HOTELS/PENSIONEN €

AM KATHARINENHOLZ
(110 A4) (*C4*)
Modernes, freundliches Haus nahe dem Park Sanssouci. Die Zimmer verfügen über Terrasse oder Balkon mit Blick

LUXUSHOTELS

Bayrisches Haus (114 C4) (*C6*)
Die eleganten Zimmer und Suiten verteilen sich in vier Gebäuden des zur renommierten Kette Relais & Châteaux gehörenden Hotels. Entspannung finden Sie in der unberührten Natur und im attraktiven *L'Oasis Beauty & Spa* mit Pool, Saunen und großem Wellnessangebot. *41 Zi. | ab 129 Euro | Im Wildpark | Elisenweg 2 | Tel. 0331 5 50 50 | www.bayrisches-haus.de | Bus 631*

Hotel Am Jägertor (115 D2) (*F5*)
In dem Gründerzeithaus am Jägertor, ausgestattet mit höchstem modernen Komfort, vermitteln warme Farben, feine Stoffe und edles Holz einen Hauch von Luxus. Zuvorkommender und persönlicher Service. *62 Zi. und Suiten | ab 130 Euro | Hegelallee 11 | Tel. 0331 2 01 11 00 | www.hotel-am-jaegertor.de | Straßenbahn 92, 96 | Bus 692*

Schloss Kartzow (120 C2) (*O*)
Fühlen Sie sich wie ein Schlossherr: In einer großen Parkanlage 15 km nördlich von Potsdam erwarten Sie stilvoll-moderne Zimmer in warmen Farbtönen und ein herzlicher Service. *12 Zi. | ab 155 Euro | Kartzower Dorfstr. 16 | Kartzow | Tel. 033208 2 32 30 | www.schloss-kartzow.de*

ÜBERNACHTEN

ins Grüne. *16 Zi. | Amundsenstr. 24d | Tel. 0331 24 34 80 40 | www.hotel-katharinenholz.de | Bus 612, 614, 692*

ANNO 1900 HOTEL BABELSBERG
(117 D4) (*K6*)
Ein kleines, familiengeführtes Hotel in einer ruhigen Nebenstraße in schöner Villengegend. Es sind auch einfache **INSIDER TIPP Backpacker-Zimmer** mit Dusche/WC auf der Etage vorhanden. *22 Zi. | Stahnsdorfer Str. 68 | Tel. 0331 74 90 10 | www.anno-1900-hotel-babelsberg.de | S-Bahn S7*

APART-PENSION BABELSBERG
(117 E2) (*L5*)
Das persönlich geführte Haus liegt mitten in der Villenkolonie Neu-Babelsberg. Hübscher Wellnessbereich mit Schwimmbad, Sauna, Dampfbad und Behandlungsangeboten. *18 Zi. | August-Bier-Str. 9 | Tel. 0331 74 75 70 | www.apartpension.de | Bus 694*

FILMHOTEL LILI MARLEEN
(117 D4) (*K7*)
Das nostalgische Ambiente versetzt Sie in die Atmosphäre der nahe gelegenen Filmstadt Babelsberg. *65 Zi., 2 Apartments | Großbeerenstr. 75 | Tel. 0331 74 32 00 | www.filmhotel.potsdam.de | Bus 601 | S-Bahn S7*

HOTEL KRANICH (110 C3) (*E2*)
Mitten im Grünen: kleines Familienhotel in ruhiger, abseitiger Lage beim Volkspark Potsdam. *19 Zi. | Kirschallee 57 | Tel. 0331 5 05 36 92 | www.hotel-kranich.de | Straßenbahn 92*

PENSION AUF DEM KIEWITT
(114 C4) (*E6*)
Kleine, charmante Pension, ruhig, doch zentral gelegen in einem Gründerzeithaus. *14 Zi. | Auf dem Kiewitt 8 | Tel. 0331 90 36 78 | www.pension-auf-dem-kiewitt.de | Straßenbahn 91*

JUGENDHERBERGE/HOSTEL

JUGENDHERBERGE POTSDAM – HAUS DER JUGEND (116 C4) (*J6*)
Als letzte Landeshauptstadt hat Potsdam nun auch eine Jugendherberge – mit dem Komfort, dass **INSIDER TIPP alle 44 Zimmer Dusche und WC** besitzen. *152 Betten | Schulstr. 9 | Tel. 0331 5 81 31 00 | www.jh-potsdam.de | S-Bahn S7*

Auf dem Wasser übernachten: Schiffspension Luise

QUARTIER – HOSTEL POTSDAM
(110 B6) (*D4*)
Einfaches und preiswertes Wohnen in sieben Mehrbettzimmern gegenüber dem Krongut Bornstedt. Sanitäranlagen sind vom Flur zugänglich. Wer ein größeres Frühstück wünscht, nimmt es in der Hofbäckerei des Kronguts ein. *Ribbeckstr. 41 | Tel. 0331 2 73 99 39 | www.potsdam-hostel.com | Bus 606, 695*

81

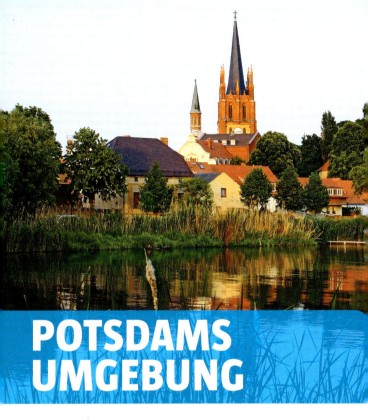

POTSDAMS UMGEBUNG

Das Havelseengebiet übt eine magische Anziehungskraft auf die großstadtgestressten Berliner und Potsdamer aus. Es riecht nach Wasser und Schilf. Seen umkränzen die Stadt, zwischen denen sich Wälder und Wiesen erstrecken.

Vom Potsdamer Brauhausberg bis hinter Ferch am Südufer des Schwielowsees zieht sich ein Höhenzug entlang, der herrliche Blicke über das Havelland ermöglicht. Besonders schön ist die Aussicht von der ☀ *Großen Neugierde* im heutigen Volkspark Klein-Glienicke.

Zu den meisten Ausflugszielen können Sie per Schiff gelangen, die dort halten, wo es etwas zu sehen gibt: Parks und Schlösser, Backsteinkirchen, Obstplantagen oder auch nur Wiesen und Wälder. Im engeren Sinn besteht das Havelseengebiet nicht aus Seen, es sind Weitungen der Havel, die der „märkischen Streusandbüchse" zu ihrem Reiz verhelfen. Hier finden Sie noch viele stille Ecken, in denen Angler sitzen und Wanderer dem Vogelgezwitscher lauschen.

BERLINER PARKLANDSCHAFT

Das Potsdamer Park- und Schlossensemble wurde im 18. und 19. Jh. ohne Rücksicht auf regionale Grenzen angelegt. Als sich 1920 Berlin vom Land Brandenburg trennte, nahm es die Pfaueninsel,

82 Bild: Das Havelstädtchen Werder

Schlösser, Wälder und Havelseen – die meisten Ausflugsziele sind in den Sommermonaten mit dem Schiff erreichbar

den Volkspark Klein-Glienicke und Nikolskoe mit. Am Gesamtkunstwerk änderte sich dadurch nichts, das blieb erhalten – bis zum Mauerbau 1961.

Der Berliner Teil des Park- und Schlossensembles gehörte von da an zum Westen, der Potsdamer Teil mit dem Park Sanssouci, dem Neuen Garten und dem Park Babelsberg zum Osten. Seit dem Fall der Mauer verbindet die Glienicker Brücke wieder wie einst das bau- und kulturgeschichtliche Gesamtkunstwerk. Auskunft: *Berlin Tourist-Information (Tel. 030 25 00 25 | www.visitberlin.de)*, Infostellen: *Brandenburger Tor/Pariser Platz | Neues Kranzlereck/Kurfürstendamm 22, Passage | Hauptbahnhof, Eingang Europaplatz | Fernsehturm/Panoramastr. 19*

NIKOLSKOE

(113 E3) (*L2*) Charlotte, die älteste Tochter von König Friedrich Wilhelm III., war 1817 Gemahlin des russischen Thronfolgers geworden. Bei einem ihrer Potsdam-Besuche wollte sie der Herr Papa

83

BERLINER PARKLANDSCHAFT

Fast wie eine Minikreuzfahrt: mit dem Ausflugsdampfer auf der Havel von Ort zu Ort

überraschen, und so ließ er 1819 für das Töchterlein das *Blockhaus Nikolskoe* errichten. Seit mehr als 100 Jahren ist es eine beliebte *Ausflugsgaststätte (tgl. | Nikolskoer Weg 15 | Tel. 030 8 05 29 14 | www.blockhaus-nikolskoe.de)*.

Als Charlotte 1825 Zarin Alexandra Feodorowna geworden war, wünschte sie sich an dieser einsamen Stelle Glockengeläut. Ihr Wunsch war dem Vater Befehl, der von Friedrich August Stüler im russischen Stil die *Kirche Sankt Peter und Paul (tgl. 11–16 Uhr | Nikolskoer Weg 17 | www.kirche-nikolskoe.de)* erbauen ließ. Seit 1985 bietet ein ● Glockenspiel kostenlose Konzerte. Von morgens 10 Uhr bis Sonnenuntergang erklingen zu jeder vollen Stunde vom Kirchturm 28 Glocken. 90 verschiedene Melodien sind programmiert, die je nach dem Kirchenkalender wechseln. Um 12 Uhr erklingt jedoch stets der Choral „Lobe den Herren, den mächtigen König der Ehren".

PFAUENINSEL

(113 E–F 1–2) (*L–M1*) Die Landschaft auf der ★ *Pfaueninsel*, der schönsten Havelinsel (1,5 km lang, 500 m breit), wurde von Peter Joseph Lenné gestaltet. Theodor Fontane notierte nach seinem Besuch 1873: „Schlängelpfade, die überall hinführen und nirgends; ein rätselhaftes Eiland." Aus den Schlängelpfaden wurden mittlerweile ordentliche Wege. Der Rundgang führt am *Kavalierhaus* von Karl Friedrich Schinkel vorbei zum *Königin-Luise-Tempel,* den Friedrich Wilhelm III. zum Gedenken an seine Gattin errichten ließ.

Die Liebschaft Friedrich Wilhelms II. mit der Gräfin Lichtenau haben wir das zweitürmige *Lustschlösschen (Führungen April–Okt. Di–So 10–17.30 Uhr)* von 1795 zu verdanken. Schneeweiß steht es als künstliche Ruine da, mancher glaubte schon, eine Filmkulisse vor sich zu haben. Die Brücke zwischen den Türmen entstand 1807 als frühes Erzeugnis der berühmten Berliner Eisengießerei.

Weiter am Nordende liegt – wie das Schloss im romantischen Ruinenstil erbaut – die alte *Meierei (April–Okt. Sa/So 10–17.30, Nov./Dez. Sa/So 11–15.30 Uhr)* mit einem schön ausgeschmückten Saal im Obergeschoss. Das *Schweizerhaus*

POTSDAMS UMGEBUNG

an der Südspitze ist ebenfalls ein Werk von Schinkel.

Nach mehr als 200 Jahren sind im Sommer 2010 Wasserbüffel auf die Insel zurückgekehrt, die es bereits zu Zeiten der legendären Königin Luise gegeben haben soll. Der Job der asiatischen Großrinder ist es, auf dem Feuchtbiotop das Gras niedrig zu halten. *Nur erreichbar mit der das ganze Jahr über täglich verkehrenden Fähre*

VOLKSPARK KLEIN-GLIENICKE

(112–113 C–E 4–5) (*M J–K 2–3*) Lenné schuf den 1,16 km² großen Glienicker Schlosspark, der 1934 an die Stadt Berlin verkauft wurde und den Namen *Volkspark Klein-Glienicke* bekam.

Das *Schloss Glienicke (April–Okt. Di–So 10–18 (Di–Fr nur mit Führung), Nov.–März nur mit Führung Sa/So 10–17 Uhr | Königstr. 36)* baute Schinkel in klassizistischer Form als Sommersitz für den damals 25-jährigen Prinz Carl von Preußen. Die Wohnräume des Prinzen und seiner Gemahlin, Prinzessin Marie von Sachsen-Weimar, befinden sich im Obergeschoss. Im Park wandern Sie am besten von *Hofgärtner-* und *Maschinenhaus* zur Schlucht mit der *Teufelsbrücke* und dem *Casino (April–Okt. Sa/So 10–18 Uhr)*. In dem säulengetragenen *Pavillon* nahe der Glienicker Brücke, den Schinkel 1835 dem Lysikrates-Denkmal in Athen nachbildete, saß Prinz Carl von Preußen mit seinen Gästen und beobachtete den Kutschverkehr auf der vorbeiführenden Chaussee nach Potsdam, der ersten „Kunststraße" (Steinpflasterstraße) Preußens, um 1795 erbaut. Prinz Carl selbst taufte den Pavillon: die *Große Neugierde*. Von hier kamen zur Zeit des Kalten Kriegs die Fernsehbilder vom Agentenaustausch zwischen West und Ost.

POTSDAMER HAVELSEEN-GEBIET

☀ **Die Havel erweitert sich um Potsdam mehrfach zu Seen, an deren Ufern sich ein Feriengebiet mit reizvollen Dörfern erstreckt, das am schönsten vom Wasser aus zu entdecken ist.**

Caputh, Ferch, Werder und Petzow können Sie in den Sommermonaten täglich per Schiff erreichen. Auskunft: *Tourismusbüro Schwielowsee-Tourismus (Straße der Einheit 3 | Caputh | Tel. 033209 708 99 | www.schwielowsee-tourismus.de)* und *Tourismusbüro Werder (Kirchstr. 6/7 | Werder (Havel) | Tel. 03327 78 33 74 | www.werder-havel.de)*.

CAPUTH

(120 C4–5) (*M O*) Aus dem Wechsel von Wald und Wasser wuchs 6 km von Pots-

---

⭐ **Pfaueninsel**
Ein romantisches Lustschloss im Ruinenstil → S. 84

⭐ **Caputh**
Wo August der Starke, Charlie Chaplin und Albert Einstein weilten → S. 86

⭐ **Heilandskirche**
Malerisch liegt die Heilandskirche am Ufer des Jungfernsees → S. 89

⭐ **Werder (Havel)**
Altstadt auf einer Havelinsel → S. 89

MARCO POLO HIGHLIGHTS

85

POTSDAMER HAVELSEENGEBIET

dam entfernt ⭐ *Caputh* (3800 Ew.) zu einem märkischen Ferienidyll. Lang gestreckt zieht sich der Ort am Ufer des Templiner und Schwielowsees hin. Die Berge ähneln teilweise einer Mittelgebirgslandschaft. Am *Gemünde,* wie die Engstelle der Havel heißt, die den Templiner See mit dem Schwielowsee verbindet, setzt seit 1853 eine heute Fußgänger und Autos befördernde, kettenbetriebene Seilfähre über. Die machte vor einigen Jahren europaweit Schlagzeilen, weil ein Berliner BMW-Fahrer nachts ins Wasser rollte – sein Navigationssystem gab keinen Hinweis auf die Fähre, und die vorhandenen Zeichen hatte der Autofahrer missachtet. Das *Caputher Gemünde* ist ein beliebter Ort zum Schauen: Wenn Segelboote oder Yachten vorbeikommen, Schiffe der Weißen Flotte anlegen, Schwäne sich mit Enten ums Futter streiten und kaum zur Seite schwimmen, wenn die Fähre Tussy II. ankommt, denn diese gehört für sie zum gewohnten Wasserbild.

Das *Schloss Caputh (Mai–Okt. Di–So 10–18, Nov.–März nur mit Führung Sa/So 10–17, April Sa/So 10–18 Uhr | Straße der Einheit 2 | www.spsg.de)* kann nach aufwendiger Restaurierung erstmals in seiner Geschichte vollständig besichtigt werden. Die Hauptattraktion ist der Speisesaal mit 7000 blau-weißen holländischen Fayencefliesen. Den barocken Garten gestaltete Peter Joseph Lenné in einen Landschaftsgarten um.

Einsteins Sommerhaus – der Physiker lebte vor seiner Emigration in die USA hier in Caputh

Die *Dorfkirche* entstand nach Plänen von Friedrich August Stüler als neuromanische Pfeilerbasilika mit einem gesonderten Glockenturm.
In Caputh weilten auch Charlie Chaplin und Heinrich Mann, die hier Albert Einstein besuchten, den Begründer der Relativitätstheorie und Nobelpreisträger für Physik 1921. 1929–33 wohnte der bedeutendste Physiker des 20. Jhs. in einem Holzhaus in Caputh am Waldrand. *Einsteins Sommerhaus (April–Okt. Sa/So 10–18 Uhr | Am Waldrand 15–17 | Tel. 0331 2717180 | www.einsteinsommerhaus.de)*

POTSDAMS UMGEBUNG

ist heute seine einzige erhaltene Wohnung in Deutschland.

Wenn Sie in Caputh übernachten wollen: Das *Kavalierhaus (Restaurant April–Sept. tgl., März/Okt. Mi–So, Nov.–Feb. Sa/So | Lindenstr. 60 | Tel. 033209 8 46 30 | www. kavalierhaus-caputh.de | €€)* im Schlosspark Caputh bietet fünf Zimmer und die Hochzeitssuite, alle individuell ausgestattet. Und das ☀️ INSIDER TIPP Restaurant ist ein Ort zum Genießen, nicht nur wegen der Gastronomie, sondern auch wegen des Blicks zum Templiner See.

Die Fähre am Caputher Gemünde verbindet Caputh mit dem gegenüberliegen *Geltow* (120 C4) *(🅾 O)*. In der ● *Handweberei Henni Jaensch-Zeymer (Feb.–Mitte Dez. Di–So 11–17 Uhr | Am Wasser 19 | www.handweberei-geltow.de)* können Sie zuschauen, wie an INSIDER TIPP 16 originalen, bis zu 200 Jahre alten Webstühlen aus den verschiedensten Regionen Stoffe entstehen und im angeschlossenen Laden auch Textilien erstehen.

FERCH

(120 C5) *(🅾 O)* Das 10 km südlich von Potsdam gelegene Dorf *Ferch* (1100 Ew.) am Südende des Schwielowsees bietet vor allem Ruhe und Entspannung. Die letzten mit Rohr gedeckten Fischerhäuser sind in gepflegtem Zustand, die Obstbäume blühen noch, die Backöfen sind jedoch – bis auf einen wiedererrichteten – verschwunden. Die alte Dorfkirche aus Fachwerk besitzt eine mit Wolken bemalte Holzdecke. Zu einem kleinen Idyll wurde der INSIDER TIPP *Japanische Bonsaigarten (April–Okt. Di–So 10–18 Uhr | Fercher Str. 61 | www.bonsai-haus.de)*.

Das Kleinkunsttheater INSIDER TIPP *Fercher Obstkistenbühne (Dorfstr. 3a | Programminfos unter Tel. 033209 71440 | www.fercherobstkistenbuehne. de)* lädt zu Folklore, klassischer Musik,

Jazz, Liedern und Literatur ein, im Sommer im Freien unter der Linde, im Winter am Feldsteinkamin.

Frischen Spargel, Erdbeeren, Heidelbeeren und auch Kürbisse aus eigener Produktion gibt es im 10 km entfernten *Spargel- und Erlebnishof (Ende März–Weihnachten tgl. ab 8 Uhr | Glindower Str. 28 | Tel. 033206 6 10 70 | www. buschmann-winkelmann.de)* in Klaistow. Und dazu jede Menge zu erleben: Hoffeste, Tiergehege mit Streichelwiese, Hofbäckerei, Hofladen, Scheunenrestaurant und einen Kletterwald.

PARETZ

(120 B2) *(🅾 O)* Das 23 km nordwestlich von Potsdam gelegene Dorf *Paretz*

LOW BUDGET

▶ Mittwochs um 19 Uhr finden im *Forsthaus Templin (Templiner Str. 102 | Tel. 033209 2179 79 | www. braumanufaktur.de),* Brandenburgs einziger 🌱 *Braumanufaktur*, die naturbelassene, unfiltrierte Biere braut und das komplette Biersortiment in Bioqualität erzeugt, Gratis-Brauereiführungen ohne Voranmeldung statt.

▶ Nur 2,50 Euro kostet der *Familienpass Brandenburg (www. familienpass-brandenburg.de)*. Fast 600 Anbieter aus den Bereichen Freizeit, Sport, Kultur, darunter viele auch in Potsdam und Umgebung, gewähren Rabatte von mindestens 20 Prozent oder Freikarten für Kinder. Der Familienpass gilt ein Jahr für die ganze Familie (mind. 1 Erwachsener und 1 Kind).

POTSDAMER HAVELSEENGEBIET

(400 Ew.) wurde zur Pilgerstätte der großen Luise-Fangemeinde. Hier verbrachte die legendäre Königin mit ihrem Gemahl Friedrich Wilhelm III. ihre glücklichste Zeit. Im *Schloss (April–Okt. Di–So 10–18, Nov.–Feb. nur mit Führung Sa/So 10–16 Uhr | Parkring 1 | www.spsg.de)* sind aufwendig restaurierte gedruckte und gemalte Papiertapeten aus der Zeit um 1800 sowie Möbel und Grafiken zu sehen. In der *Remise* stehen Kutschen, Schlitten und Sänften des preußischen Königshauses sowie die Kinderkutsche des Kurprinzen Friedrich Wilhelm aus der Zeit um 1690, der kleine Prunkwagen gilt als der älteste erhaltene seiner Art in Europa.

Am Rande des Parks fällt die ockerfarbene *Dorfkirche* mit gotischem Dekor auf. Gilly baute vor 200 Jahren eine Loge für den König an. In ihr befindet sich eine 1811 aus Ton gebrannte Gedenktafel für Königin Luise, die ein Jahr zuvor im Alter von nur 34 Jahren verstorben war. Schöpfer der Tafel ist Gottfried Schadow, berühmt geworden durch die Quadriga auf dem Brandenburger Tor in Berlin. Sollte die Kirchentür verschlossen sein: Links um die Kirche zum INSIDER TIPP Fenster der Königsloge gehen, um von dort das Tonrelief zu sehen.

PETZOW

(120 C4–5) (*O*) 10 km südwestlich von Potsdam liegt das Dorf *Petzow,* seit 1929 Ortsteil von Werder. Es gehört zu den gut erhaltenen ländlichen Ensembles des 19. Jhs. in der Mark Brandenburg. Nach Plänen Schinkels entstanden um 1825 das in einem Mix von maurischem Kastell- und englischem Tudorstil errichtete *Schloss Petzow,* die Parkmauer und das spitzbogige Eingangstor. Der terrassenförmig zum Schwielowsee angelegte Park stammt von Lenné, der geschickt eine Bucht des Schwielowsees in die Gestaltung einbezog.

Die *Dorfkirche* auf dem Grelleberg wurde ebenfalls nach einem Entwurf Schin-

Resort Schwielowsee: eine luxuriöse, weitläufige Anlage mit hoteleigener Marina

POTSDAMS UMGEBUNG

kels erbaut. Eine Bogenhalle verbindet den frei stehenden Westturm mit dem Kirchenschiff. Die Turmuhr ist Attrappe, sie dient nur als Schmuck. Vom ☀ *Turm (März–Okt. Sa/So 11–18, Nov.–Feb. Sa/So 13–17 Uhr)* haben Sie einen sehr schönen Blick auf die Havellandschaft.

Im ● *Resort Schwielowsee (Am Schwielowsee 117 | Tel. 03327 5 69 60 | www. resort-schwielowsee.de | €€€)* stehen Ihnen das *Hotel Seaside Garden* mit 156 eleganten Gästezimmern in unterschiedlichen Wohnstilen sowie *Key West Luxus Apartments* zur Auswahl. Das asiatisch inspirierte Wellnesscenter verfügt über Innen- und Außenpool, im Hafenrestaurant *Ernest* werden Fischspezialitäten serviert, das *Seapoint* lädt zu mediterranen Überraschungen.

Im Hofladen des ☺ INSIDER TIPP *Frucht-Erlebnis-Gartens (tgl. 10–17 Uhr | Fercher Str. 60 | Tel. 03327 4 69 10 | www. sandokan.de)* erhalten Sie über 50 Produkte aus Sanddorn, im Spezialitätenmarkt Erzeugnisse aus der Region wie Wurst und Käse aus der Uckermark oder Keramik von regionalen Töpfern. Das Restaurant *Orangerie (Mo geschl. | €€)* verarbeitet vor allem das, was im Garten wächst, Fleisch und Fisch liefern Erzeuger aus der unmittelbaren Umgebung.

SACROWER HALBINSEL

(112–113 C–E 1–3) (*ɷ J–K1*) ★ Wie ein im Hafen liegendes Schiff sollte die *Heilandskirche (Nov.–Feb. Sa/So 10–15, März/April/Sept./Okt. Di–So 10–15.30, Mai–Aug. Di–So 10–16 Uhr | www. heilandskirche-sacrow.de)* wirken, die Ludwig Persius 1841–44 zu zwei Dritteln ins Havelwasser gebaut hat. Der im mittelalterlich-italienischen Stil errichtete Bau gilt als Vorstudie für die Friedenskirche in Sanssouci. Friedrich Wilhelm IV. kam im Sommer gern sonntags von Pots-

dam aus mit einem Boot zum Gottesdienst auf die *Sacrower Halbinsel*.

Da die Kirche im deutsch-deutschen Todesstreifen lag, durfte sie nach dem Bau der Berliner Mauer von den Gemeindemitgliedern nicht mehr betreten werden. Nach umfangreicher Restaurierung zeigt sie sich nun wieder in herrlicher Pracht. Auch finden hier ganzjährig erneut INSIDER TIPP *Gottesdienste (2. und 4. So 15 Uhr)* statt.

Das nahe *Schloss Sacrow* (1773) hatte viele Besitzer, einer war König Friedrich Wilhelm IV., der es 1840 erwarb. 1938 wählte der preußische Generalforstmeister das klassizistische Bauwerk zum Wohnsitz und ließ im Inneren erhebliche Umbauten vornehmen. Den Rest bekam das Schloss zu DDR-Zeiten, als es Ausbildungsstätte der Zollverwaltung wurde. In den Sommermonaten sind in ihm gelegentlich Ausstellungen zu sehen. Der Park mit einem umfangreichen Wegenetz ist ein Werk von Peter Joseph Lenné.

WERDER

(120 B–C4) (*ɷ O*) ★ *Werder (Havel)* Der älteste Teil von Werder wird völlig von Wasser umgeben. Wer sich der Havelinsel nähert, sieht als Erstes den fünfspitzigen Turm der neugotischen *Heiliggeistkirche.* Die benachbarte *Bockwindmühle (15. April–15. Okt. Di sowie Sa/So 13–17 Uhr)* wurde 1992 dem 100 km entfernten Klossa abgekauft. Im Frühjahr liegt der Duft blühender Obstbäume über dem Städtchen, denn der traditionelle Obstanbau hat bis heute Bedeutung. Seit 1879 feiert Werder im Frühjahr das *Baumblütenfest.* Über die Stadtgeschichte und den Obstanbau informiert das *Obstbaumuseum (15. April–15. Okt. Mo/Di sowie Do/Fr 11–17, Sa/So 13–17 Uhr | Kirchstr. 6/7 | im Haus des Tourismusbüros).*

89

STADTSPAZIERGÄNGE

Die Touren sind im Cityatlas, in der Faltkarte und auf dem hinteren Umschlag grün markiert

1 ARCHITEKTURKOPIEN AUS GANZ EUROPA

Potsdams Altstadt bietet einen Streifzug durch internationale Architektur. In vielen Ländern hatten die Potsdamer Bauherren im königlichen Auftrag abgekupfert. Und so können Sie in der City Bauwerke sehen, deren Vorbilder schon lange vorher in anderen europäischen Städten entstanden sind. Der Spaziergang dauert etwa 90 Minuten.

Den Alten Markt dominiert erneut das wiederaufgebaute **Stadtschloss** → S. 39 mit seiner historischen Fassade, in dessen modernem Inneren der Landtag seine Heimstatt gefunden hat. Die **Nikolaikirche** → S. 46 mit ihrer mächtigen Kuppel hat große Ähnlichkeit mit der Londoner Saint-Paul's-Kathedrale. Zu dem prachtvollen Bau, der heute **Altes Rathaus** → S. 40 heißt, kam Potsdam durch glückliche Umstände. Der Renaissance-Baumeister Andrea Palladio hatte ihn für das italienische Vicenza erdacht, doch dort wollte man den Palazzo nicht haben. So wurde Potsdams viertes Rathaus nach Palladios Entwürfen errichtet. Am Eingang zur Breiten Straße laufen Sie am lang gestreckten Marstall vorbei, der das **Filmmuseum** → S. 42 aufnahm, und kommen dann zur Ecke **Dortustraße** → S. 42 mit den sorgfältig restaurierten **Hiller-Brandtschen-Häusern**, für die der nicht mehr existierende königliche Palast Whitehall in London Pate stand. Vor allem auf Befehl von König Friedrich dem

90 Bild: Stadtkanal in der Yorckstraße

Eine Stadt für Entdecker: Die Prachtbauten und Prominentenvillen Potsdams atmen viel Geschichte

Großen entstanden zahlreiche Kopien von europäischen Bauten des 16.–18. Jhs. So ähnelt das nahe Brandenburger Tor → S. 41 einem dreipfortigen römischen Triumphbogen und die Friedenskirche → S. 30 am Rande des Parks von Sanssouci der Basilika San Clemente in Rom. In der Yorckstraße können Sie an einem Teil des rekonstruierten Stadtkanals entlanglaufen. Damit hat Potsdam wieder einen Hauch von Venedig in seinem Zentrum. Rund 200 Jahre zog sich der Kanal durch Potsdam, bis er 1965 zugeschüttet wurde. Die weitere Rekonstruktion hängt von Geldspenden ab.

Über den Neuen Markt → S. 45 mit dem Kutschstall an der Westseite und der alten Stadtwaage in der Mitte, die zum Restaurant wurde, erreichen Sie die Schloßstraße hinter dem Marstall. Hier steht das Denkmal für Friedrich Wilhelm von Steuben (1730–94), den Helden des nordamerikanischen Unabhängigkeitskriegs. Steuben war nach dem Siebenjährigen Krieg in die Neue Welt ausgewandert, trat in die Armee von George

91

Gebaut nach schottischem Vorbild: das neogotische Nauener Tor

Washington ein und hatte als Generalinspekteur erheblichen Anteil am Sieg über das britische Heer. Das Denkmal kam 1911 als Geschenk des US-Kongresses nach Potsdam, wurde 1950 von den kommunistischen Machthabern entfernt und nach deren Sturz wieder aufgestellt. Nächste Station: Friedrich-Ebert-Straße. Nicht zu übersehen ist an ihrem Ende das Nauener Tor → S. 45, errichtet nach dem Vorbild von Inveraray Castle in Schottland.

Weiter geht es zum Bassinplatz. Die Französische Kirche → S. 43 erinnert sehr an das Pantheon in Rom, und die Apsis der Peter-Pauls-Kirche → S. 46 am westlichen Platzende ähnelt der Hagia Sophia in Istanbul, während ihr Turm als Nachbildung des Campanile von San Zeno Maggiore in Verona entstand. Die Nordseite des Platzes begrenzt das berühmte Holländische Viertel → S. 44.

2 FÜR ENTDECKER – PRACHTBAUTEN UND PROMINENTENVILLEN

Wer es sich leisten konnte, verließ in der zweiten Hälfte des 19. Jhs. die Zentren von Berlin und Potsdam. Am Südufer des Griebnitzsees, buchstäblich zu Füßen des Kaiserschlosses Babelsberg und in der Nachbarschaft des Ufa-Filmgeländes, entstanden hochherrschaftliche Villen, in denen viele Filmstars, Regisseure sowie Bankiers und Wissenschaftler lebten. Truman, Churchill, Attlee und Stalin wohnten hier während der Potsdamer Konferenz. Neu-Babelsberg lag zu DDR-Zeiten direkt an der Grenze zu West-Berlin, der Griebnitz-

STADTSPAZIERGÄNGE

see war geteilt. Für die zwangsenteigneten Villen und Landhäuser fühlte sich niemand zuständig, ihr Zustand war teils desolat. Viele der ehemaligen Besitzer haben inzwischen ihr Eigentum zurückerhalten und renoviert. Der Rundgang durch das geschichtsträchtige Viertel dauert ca. zwei Stunden.

Der Spaziergang beginnt am S-Bahnhof Griebnitzsee, der in den 1930er-Jahren den Namen Ufa-Stadt trug. Von hier aus geht es in die **Karl-Marx-Straße** hinein, die Hauptallee des Viertels, die einst Kaiserstraße hieß und einige Jahre Straße der SA. Die **Villa Müller-Grote** mit der Nr. 2 am Pfeiler der Gartenpforte, direkt am Griebnitzsee gelegen, ließ sich der Verleger Carl Müller-Grote 1892 als Sommersitz erbauen. Im Mai 1945 erhielt die Familie den Befehl der Sowjets, das Haus innerhalb weniger Stunden zu verlassen, nur das Nötigste durfte mitgenommen werden. Die östliche Siegermacht des Zweiten Weltkriegs hatte die Gründerzeitvilla für den amerikanischen Präsidenten Harry S. Truman ausgesucht, der nach Potsdam zum Gipfeltreffen der großen drei kam. Truman residierte in der Villa, die er in seinen Memoiren „Little White House" nannte, vom 15. Juli bis 2. August 1945. Hier erteilte er als 33. Präsident der USA den Befehl zum Abwurf der ersten Atombombe. Heute hat in dem **Truman-Villa** genannten Gebäude die Friedrich-Naumann-Stiftung für die Freiheit ihren Sitz.

Es geht weiter zur Nr. 66 auf der linken Seite, der **Villa Lilienthal**. Der Architekt Gustav Lilienthal, der jüngere Bruder des Pioniers der Fliegerei Otto Lilienthal, hatte sich das Haus im englischen Tudorstil mit Zinnenkranz und Türmchen erbaut. In den 1930er-Jahren diente die Villa als Ufa-Gästehaus, zum Beispiel für Heinz Rühmann und Willy Fritsch. Sie wohnten in guter Nachbarschaft, denn viele Film-

stars nutzten die Nähe zu den Filmstudios der Ufa und kauften sich in der vornehmen Villengegend ein.

Zu ihnen gehörte auch Gustav Fröhlich – damals der populärste deutsche Ufa-Schauspieler –, der auf der rechten Seite im Haus Nr. 8 wohnte, der **Fröhlich-Villa**. Der Filmstar bemühte sich, wie übrigens auch NS-Propagandaminister Goebbels, um die Zuneigung der Schauspielerin Lida Baarova. Fröhlich soll, so erzählte man sich seinerzeit, Goebbels geohrfeigt haben, als sich dieser der Baarova intim näherte. Seitdem wurde in Potsdam hinter der vorgehaltenen Hand gewitzelt: „Ich möchte auch mal fröhlich sein."

Wenden Sie sich nun nach links, und biegen Sie in die **Domstraße** ein. Etwa die Hälfte der edlen Liegenschaften befand sich bei Machtantritt der Nazis in jüdischem Eigentum, den Zwangskaufpreis behielten die Nazis als „Reichsfluchtsteuer" ein. Der jüdische Ufa-Produzent Alfred Zeisler beispielsweise, Namensgeber und Vorbesitzer der späteren Villa von Marika Rökk und ihrem Ehemann, dem Regisseur Georg Jacoby, in der Domstr. 28 lebte nach seiner Flucht aus Deutschland von Sozialhilfe, denn nach seinen Worten sei das Haus ihm „einfach weggestohlen worden".

Jetzt geht es nach rechts, in die **Rosa-Luxemburg-Straße**, die frühere Augustastraße. Im Haus Nr. 40 an der Ecke zur Hermann-Maaß-Straße ließ sich der jüdische Kaufmann Norbert Wiener 1924 eine Villa erbauten. In die zog sich von Mai 1934 bis April 1935 Konrad Adenauer mit seiner Familie zurück, nachdem er von den Nationalsozialisten als Oberbürgermeister von Köln und Präsident des Preußischen Staatsrats entlassen worden war. Im Haus Nr. 27 auf derselben Seite wohnte bis zu seinem Tod 1965 der kommunistische Arbeiterschriftsteller und Potsdamer Ehrenbürger Hans Marchwit-

93

za. Schräg gegenüber, Johann-Strauß-Platz 11, steht am Ende eines großen Gartens die **Villa Gugenheim**, in der nach 1938 die Schauspielerin Brigitte Horney wohnte. Die hohen Bäume ließ der Bauherr, der jüdische Textilindustrielle Fritz Gugenheim pflanzen, an den noch die verschlungenen Initialen „H. G." an der schmiedeeisernen Eingangstür erinnern. Die Rosa-Luxemburg-Straße weiterlau-

Villa Türk: Der Bauherr gilt auch als „Potsdamer Pestalozzi"

fend kommen Sie auf der linken Seite, Haus Nr. 24, zur **Richard-Tauber-Villa**, in der in den 1920er-Jahren der berühmte Tenor wohnte. Tauber musste als Jude nach der Machtergreifung der Nazis Deutschland verlassen.
Rechtsherum biegen Sie in die **Spitzweggasse** ab. Die dreigeschossige **Villa Sarre** mit der Nr. 6 ließ sich der Kunsthistoriker Friedrich Sarre im italienischen

Renaissancestil erbauen. Sarre war Direktor der Islamischen Abteilung des damaligen Kaiser-Friedrich-Museums. Den **INSIDER TIPP** 12 m langen, farbigen Löwenfries, der unter dem überdachten Turmgang zu sehen ist, brachte er von einer seiner Orientreisen mit.
Fast am Ende der Spitzweggasse steht das **Haus Riehl** mit der Nr. 3. Besitzer des Hauses, das einem italienischen Landhaus ähnelt, war der Philosophieprofessor Alois Riehl, Verfasser der ersten, 1887 erschienenen Biografie des Philosophen Friedrich Nietzsche. Die 1907 gebaute, ockerfarbene Villa gilt als das **INSIDER TIPP** Erstlingswerk des damals 20-jährigen Ludwig Mies van der Rohe, der später als Bauhausdirektor Weltruhm erlangte.
Aufmerksamkeit verdient auch das Gelände am Ende der Spitzweggasse. Hier steht die nicht zu übersehende, 1913 erbaute **Babelsberger Sternwarte**, das heutige Astrophysikalische Institut. Früher galt sie als das bestausgerüstete Observatorium Europas. Von der Spitzweggasse führt ein schmaler Treppenweg hinunter zur **Karl-Marx-Straße**, die Sie in Richtung S-Bahnhof zurücklaufen. Das Haus Nr. 28/29, in das 1926 der Berliner Bankier Mosler zog, ist ebenfalls ein Mies-van-der-Rohe-Bau.
Auf dem Grundstück mit der Nr. 27 steht die **Villa Herpich**. Der Mitinhaber des Berliner Kaufhauses für Gardinen, Wäsche, Stoffe und Teppiche „C. A. Herpich Söhne" hatte sich das zweigeschossige Haus 1911 erbauen lassen. 1945 musste auch dieses binnen weniger Stunden geräumt werden: für den sowjetischen Diktator Josef Stalin, der hier während der Potsdamer Konferenz residierte. Heute dient die repäsentative Villa dem Bauindustrieverband Berlin-Brandenburg.
Von der Villa Herpich biegen Sie etwa 300 m weiter links in die lindengesäum-

94   www.marcopolo.de/potsdam

STADTSPAZIERGÄNGE

te **Virchowstraße** ein, denn dort steht die **Villa Urbig** mit der Nr. 23 am Eingangspfeiler. Auch der Entwurf für dieses Haus stammt von Mies van der Rohe. Bauherr war der Bankier der Deutschen Bank, Franz Urbig. 1945, während der Potsdamer Konferenz, zog in das Haus der englische Premierminister Winston Churchill, dem später Premier Clement Attlee folgte.

Das parkartige Grundstück Virchowstr. 1–3 besaß einst der Potsdamer Schulrat Wilhelm von Türk, ein Verfechter der Ideen des Pädagogen Pestalozzi. Deshalb heißt das in der Mitte stehende Haus **Villa Türk**. Die drei modernen Häuser auf dem Grundstück wurden 1997 fertiggestellt. Die Villa Türk hatte Ende der 1920er-Jahre der damalige Großindustrielle Günther Quandt gekauft, bei dem Joseph Goebbels als Hauslehrer angestellt war. Goebbels beschäftigte sich aber nicht nur mit den Quandt-Kindern, sondern auch mit deren Mutter Magda. Der Industrielle ließ sich 1929 scheiden, zwei Jahre später wurde aus Frau Quandt die Gemahlin von Joseph Goebbels, dem späteren nationalsozialistischen Propagandaminister.

GROSSE INSELRUNDFAHRT

Die Schiffstour führt auf der Havel entlang und über mehrere Havelseen rund um die Potsdam-Insel. Die Fahrt mit einem Schiff der Weißen Flotte dauert von Potsdam, Lange Brücke, etwa vier Stunden. Wer sein eigener Kapitän sein möchte, mietet sich ein Boot und schippert damit unabhängig von jedem Fahrplan übers Wasser.

Potsdam wurde auf einer Insel erbaut! Manch einer zweifelt daran – diese Schiffsreise liefert den Beweis. Nach dem Ablegen dauert es nicht lang, bis die Ufer zurückbleiben und sich die Havel zum 5,5 km langen und bis zu 1,3 km breiten **Templiner See** weitet. Seit 1955/56 wird er durch einen 1250 m langen Bahndamm mit überbrückter Durchfahrt geteilt. Die DDR schloss mit dem Damm den Eisenbahnring um Berlin, ihre Züge brauchten somit nicht durch West-Berlin zu fahren.

Hinter dem Bahndamm ragt links eine kleine Landzunge ins Wasser, die dem See den Namen gab – **Templin**. Wenn Sie jetzt nach rechts schauen, sehen Sie das Waldgebiet der Pirschheide, einst königliches Jagdrevier. Durch einen Verbindungsgraben, **Caputher Gemünde** genannt, gleitet das Schiff in den 6 km langen und bis zu 2 km breiten **Schwielowsee**. Auf der linken Seite erscheint die Silhouette des **Schlosses Petzow → S. 88** die Häuser auf der rechten Seite gehören zu **Geltow**.

65 Minuten sind seit dem Ablegen in Potsdam vergangen, wenn der Kirchturm von **Werder → S. 89** auftaucht, wenig später ist der **Große Zernsee** erreicht. Nach dem **Kleinen Zernsee** und dem Dorf **Phöben** kommt **Paretz → S. 87**, der Lieblingsort von Königin Luise, der Gemahlin von Friedrich Wilhelm III. In einem scharfen Bogen manövriert der Kapitän das Schiff nach rechts in den Ende des 19. Jhs. gebauten **Sacrow-Paretzer Kanal**. An **Schlänitz** vorbei geht es weiter zum **Fahrlander See**, dem Weißen See mit **Neu-Fahrland** am Nord- und **Nedlitz** am Südufer sowie dem **Jungfernsee**. Die **Glienicker Brücke → S. 20** ist eine von etwa zehn Verbindungen zwischen der Potsdam-Insel und dem Umland. Wenn die Humboldtbrücke auftaucht, teilt sich die Havel in zwei Flussarme, die **Alte** und die **Neue Fahrt**. Das Schiff umfährt auf dem linken Arm die **Freundschaftsinsel** und legt wenig später wieder hinter der Langen Brücke an.

95

MIT KINDERN UNTERWEGS

Was ist los? Langeweile für die Kids muss nicht sein. Auf welchen Spielplatz soll ich gehen, wo findet etwas Tolles in Potsdam und Umgebung statt? Unter der Internetadresse *www.hastnplan.de* finden Kinder und ihre Eltern immer etwas Passendes und können auch selbst gute Vorschläge beisteuern. Weitere Tipps und Ideen finden Sie unter *www.familie-in-potsdam.de*.

ABENTEUERPARK POTSDAM
(115 F5) (*G7–8*)
Lust auf Klettern? Auf einer Länge von 1,7 km und in einer Höhe von 1 bis 12 m stehen rund 170 Kletterelemente in zwölf verschiedenen Parcours mit unterschiedlichen Schwierigkeitsgraden in den Bäumen. Beliebt ist auch die 200 m lange Seilrutsche. Das Konzept des Parks steht für Ökologie und Nachhaltigkeit. *Mitte März–Anfang Nov. tgl. ab 10 Uhr | Albert-Einstein-Str. 49 | Eintritt für 2 Stunden Kletterzeit 21 Euro, Kinder 15 Euro, Familien sparen pro Elternteil 2 Euro | Tel. 0331 6 26 47 83 | www.abenteuerpark.de*

EXTAVIUM (117 E5) (*L7*)
Wie funktioniert die Welt? Einen Tornado erzeugen, ein Auto anheben, den Satz des Pythagoras verstehen, um die Ecke gucken oder den eigenen Schatten einfrieren: Kleine Forscher und Entdecker gehen im wissenschaftlichen Mitmachmuseum *Extavium* auf eine spannende Entdeckungstour durch die Welt der Naturwissenschaften. Rund 130 Exponate aus Physik, Chemie, Biologie und Mathematik sowie wechselnde Themenkurse laden spielerisch zum Anfassen und Ausprobieren ein. *Di–Do 9–14, Sa/So 11–17, in den Ferien Di–Sa 11–17 Uhr | Marlene-Dietrich-Allee 9 | Eintritt 8, Kinder 6 Euro, Teilnahme an Experimentierkursen 4 Euro | Tel. 0331 8 77 36 28 | www.extavium.de*

FILMPARK BABELSBERG
(117 E4–5) (*L7*)
Kindergenerationen liebten und lieben ihn: den Sandmann. Seit 1959 schickt er die Kleinen in den Schlaf. Wie entsteht eine Folge des beliebten Sandmännchen-Abendgrußes? Bei der Herstellung der Puppen und Dekorationen sowie bei Dreharbeiten darf im INSIDER TIPP *Sandmann-Haus* zugeschaut werden. Ein Paradies für die jüngsten Besucher ist *Janoschs Traumland,* durch das Sie eine Bootsfahrt machen und dabei den kleinen Tiger und den kleinen Bären treffen können. *Mitte April–Anf. Nov. tgl.*

Kobolde und Nixen: Spannende Erlebnisse in Park und Schloss sowie in Janoschs Traumland

10–18, Mai und Sept. Mo/Di geschl. | Eingang Großbeerenstr. 200 | Eintritt 21 Euro, Kinder 14 Euro, Familienkarte (2 Erw., max. 3 Kinder) 60 Euro | www.filmpark-babelsberg.de

SCHLOSSFÜHRUNGEN FÜR KINDER

Mit dem Drachen durchs Schloss: Der Drache im goldenen Kostüm erzählt den Kindern Interessantes aus dem Leben von Preußenkönig Friedrich II. und von rauschenden Festen, die die kaiserliche Familie im Neuen Palais veranstaltete. Die spielerischen Rundgänge sollen den Kleinen zwischen sechs und zehn Jahren die Geschichte der Schlösser und Parks näherbringen. Die einstündigen Veranstaltungen, zu denen auch Eltern willkommen sind, finden sonntags statt. Viel Spaß macht es auch, mit *Nunu*, der kleinen Fledermaus, die Schlösser und Parks im Internet zu entdecken *(Kinderwebsite: www.spsg.de/familienprogramm)*. *Eintritt 8 Euro, Kinder 6 Euro, Familienkarte 15 Euro | Termine und Anmeldung unter Tel. 0331 9 69 42 00 | www.spsg.de/familienprogramm*

VOLKSPARK POTSDAM

(111 D3–4) (*E–F 2–3*)
Viel Platz für Aktivitäten mit der ganzen Familie: Fußball, Tischtennis oder Beachvolleyball spielen, auf dem 4 km langen Rundkurs radeln oder auf der Skateranlage waghalsige Stunts üben, an der Kletterwand kraxeln oder sich auf dem Trampolin in die Luft katapultieren. In der kirgisischen Jurte Märchen lauschen, picknicken oder grillen, Party feiern oder einfach auf der Wiese faulenzen – und im Jahr bei rund 100 verschiedenen Events dabei sein. Im Gegensatz zu den vielen denkmalgeschützten Parkanlagen ist im *Volkspark Potsdam,* dem früheren Bundesgartenschaugelände, alles erlaubt, was Spaß macht. *Tgl. 5–23 Uhr | Eintritt März–Nov. 1 Euro, Kinder 50 Cent, Dez.–Feb. 50 Cent für alle, Kinder bis 7 Jahre frei | Georg-Hermann-Allee 101 | www.volkspark-potsdam.de*

EVENTS, FESTE & MEHR

Potsdam präsentiert Ihnen nicht nur etwas fürs Auge, sondern auch viel für die Ohren. Die Schlösser, Parkanlagen und Seen bieten sich geradezu als Kulisse an.

FEIERTAGE

1. Jan. Neujahr; **März/April** Karfreitag; Ostersonntag und -montag; **1. Mai** Tag der Arbeit; **Mai/Juni** Christi Himmelfahrt; Pfingstsonntag und -montag; **3. Okt.** Tag der Deutschen Einheit; **31. Okt.** Reformationstag – im benachbarten Berlin kein Feiertag; **25./26. Dez.** Weihnachten

VERANSTALTUNGEN

MÄRZ–DEZEMBER

▶ *Caputher Musiken:* für jeden Geschmack etwas, Kammermusik ebenso wie Jazz und geistliche Chorwerke. www.caputher-musiken.de

MÄRZ/APRIL (OSTERN)

▶ *Osterfesttage Potsdam:* Konzerte, Ausstellungen, Aktionen, Führungen und Osterspaziergänge. www.osterfesttage.de

MAI

▶ *Filmfestival Sehsüchte:* eines der größten Studentenfilmfestivals Europas mit Spiel-, Dokumentar-, Animations- und Experimentalfilmen von Studenten und Amateurfilmern aus aller Welt. www.sehsuechte.de

▶ *Potsdamer Tanztage:* Internationales Festival für zeitgenössischen Tanz, dazu werden Konzerte, Filme und Gesprächsrunden veranstaltet. Um Pfingsten. www.fabrikpotsdam.de

▶ *Baumblütenfest in Werder:* Die ganze Stadt feiert den Frühling zur Obstbaumblüte. www.baumbluete.de

JUNI

▶ ★ ● *Musikfestspiele Potsdam-Sanssouci:* Potsdams kultureller Höhepunkt des Jahres wartet mit Kammer-, Orgel- und Serenadenkonzerten, Opern- und Soloabenden internationaler Künstler und Ensembles auf. www.musikfestspiele.potsdam.de

▶ INSIDER TIPP *Böhmisches Weberfest:* Das bunte Volksfest auf dem Weberplatz in Babelsberg, das mit alten Handwerkstechniken und Künstlern verzaubert, erinnert an die Tradition des Viertels. www.boehmischesweberfest.de

JULI/AUGUST

▶ *Caputher Orgelsommer:* Jeden So 17 Uhr wird bei freiem Eintritt zu Orgelkon-

Filme, Tanz und vor allem viel Musik – das ganze Jahr über gibt's die unterschiedlichsten Veranstaltungen

zerten in die Caputher Kirche geladen. www.caputher-musiken.de

AUGUST

▶ ★ *Potsdamer Schlössernacht:* Zehntausende strömen an einem Sonnabend bis spät in die Nacht in die zum Teil farbig angestrahlten Schlösser und in die Parkanlagen, in denen Musik, Theater, Akrobatik, Lesungen und kulinarische Genüsse geboten werden. Am Vorabend gibt es traditionell ein Auftaktkonzert vor dem Neuen Palais. www.potsdamer-schloessernacht.de

▶ *Sommertheater:* Theateraufführungen freier Theatergruppen vor der romantischen Kulisse des Belvedere auf dem Pfingstberg. www.pfingstberg.de

▶ *lit:potsdam:* Literaturfestival mit Lesungen, Gesprächen und Begegnungen. www.litpotsdam.de

SEPTEMBER

▶ *Töpfermarkt:* buntes Treiben im Holländischen Viertel

▶ INSIDER TIPP *Potsdamer Dreiklang:* Symbiose der ▶ *Potsdamer Jazztage*, der ▶ *Kunstgenuss-Tour* in Galerien und Museen und dazu noch der ▶ *Tag des offenen Denkmals.* www.potsdamer-dreiklang.de

OKTOBER

▶ INSIDER TIPP *Unidram Internationales Theaterfestival:* Festival für freies Theater, bei dem moderne und innovative Inszenierungen zur Aufführung kommen, im T-Werk Schiffbauergasse. www.unidram.de

DEZEMBER

▶ *Potsdamer Weihnachtsmarkt:* Vorweihnachtliche Stimmung mit Lichterglanz, Lebkuchen und Glühwein herrscht in der historischen Innenstadt auf der Brandenburger Straße und dem Luisenplatz sowie im Krongut Bornstedt. Am ersten Adventswochenende bezaubert der ▶ *Böhmische Weihnachtsmarkt* auf dem Weberplatz in Babelsberg.

LINKS, BLOGS, APPS & MORE

LINKS

▶ short.travel/pot1 Es lohnt, hier ein wenig zu stöbern. Zu finden sind schöne Panoramaaufnahmen von Potsdamer Stadtansichten und von Schloss Sanssouci

▶ www.mobil-potsdam.de Gut, wenn Sie mit dem Auto anreisen. So sind Sie stets auf dem aktuellsten Stand der Verkehrssituation. Mit Webcam, Stau- und Baustellenmelder, Infos zu freien Parkplätzen, Taxis, Taxiplätzen und Fahrradverleih!

▶ www.potsdamtv.de Informatives rund um Potsdams Stadtleben, Kultur, Sport, Kunst, Service, Veranstaltungstipps und Wetterbericht

▶ www.marcopolo.de/potsdam Interaktive Karten inklusive Planungsfunktion, Impressionen aus der Community sowie aktuelle News und Angebote

BLOGS & FOREN

▶ www.potsdam-blog.de Für Potsdambesucher und Einheimische gleichermaßen interessant: Informationen, News und Diskussionen aus der und über die Stadt

▶ blog.reiseland-brandenburg.de Die Infos im Reiseblog des Reiselands Brandenburg kommen von denen, die es von Berufs wegen wissen. Gern geben sie ihr Wissen und so manch aktuellen Tipp weiter und freuen sich über rege Kommentare

▶ short.travel/pot2 In der Wochenzeitung für Brandenburg bloggen die Macher der Zeitung über den ganz normalen Alltag in der Redaktion. Sie erzählen, was auf dem Weg zur Arbeit von Berlin nach Potsdam so alles passiert und welche Ansichten Hannes über das Leben hat

VIDEOS & STREAMS

▶ www.kultur-in-potsdam.de/videos.html Hier finden Sie Videos und Sequenzen aus und über Potsdam auf der Potsdamer Kulturseite: beliebte Orte, Veranstaltungen, künstlerische Offerten

▶ short.travel/pot3 Geschichtsunterricht einmal in anderer Form: Ein his-

100

Egal, ob für Ihre Reisevorbereitung oder vor Ort: Diese Adressen bereichern Ihren Urlaub. Da manche sehr lang sind, führt Sie der short.travel-Code direkt auf die beschriebenen Websites. Falls bei der Eingabe der Codes eine Fehlermeldung erscheint, könnte das an Ihren Einstellungen zum anonymen Surfen liegen

torischer, bereits in Farbe gedrehter Ufa-Film von 1933 zeigt die einstige Schönheit Potsdams, die Residenz der Preußenkönige

▶ www.radio-potsdam.de Auf 89,2 MHz sendet der lokale Radiosender, weltweit ist er im Internet via Livestream zu empfangen. Lokalnachrichten, Gute-Laune-Musik, Hitmix, Reiseinfos, Kinotipps usw., das Programm ist vielfältig und auf die Region bezogen

APPS

▶ Potsdam Stadt Gleich mit mehreren Apps wartet die Stadt Potsdam auf. Dieser kleinen Alleskönner zeigt Routenvorschläge auf, auf denen Sie zu den bekanntesten historischen Gebäuden Potsdams spazieren können

▶ Potsdam mit Friedrich II. Auf den Spuren des großen Preußenkönigs führt Sie diese von der Stadt Potsdam herausgegebene App – auch eine individuell Friedrich II.-Tour lässt sich hiermit zusammenstellen

▶ Parkführer durch Sanssouci Die kleine Parkführer-App beeindruckt durch ihre Informationsfülle. Dank Echtzeitlokalisierung wissen Sie immer genau, wo Sie sind. Alle historischen Sehenswürdigkeiten werden genau beschrieben, ergänzt durch biografische Details der Erbauer und Gestalter des Parks

NETWORK

▶ www.facebook.com/potsdamfans Potsdam ist eine der schönsten Städte der Welt. Das meinen die Potsdam-Fans dieser Facebook-Seite. Vielleicht sind Sie nach einem Besuch der Stadt auch dieser Meinung? Teilen Sie auf jeden Fall Ihre Eindrücke mit

▶ twitter.com/potsdamtourism Immer auf dem Laufenden sein, immer die kleinen und großen News erfahren: Folgen Sie auf Twitter den Tweets der Potsdamer und zwitschern Sie fleißig mit

▶ www.facebook.com/turbinepotsdam Natürlich stehen der Frauenfußball und das Vereinsleben im Mittelpunkt dieser Facebook-Site, die die erfolgreiche Frauenfußballmannschaft und die Fans gemeinsam mit viel Engagement betreiben

Für den Inhalt der auf diesen Seiten genannten Adressen übernimmt der Verlag keine Verantwortung

PRAKTISCHE HINWEISE

ANREISE

Die Stadt ist gut über die Autobahn zu erreichen. Auf dem Berliner Ring fahren Sie bis Abfahrt Potsdam Nord und weiter auf der B 273. Oder Sie nehmen von Süden die Abfahrt Potsdam Süd und fahren weiter auf der B 2. Wer längere Autostrecken scheut, für den bietet sich das Autozug-Terminal (www.dbautozug.de) in München-Ost bis nach Berlin-Wannsee an.

Potsdam verfügt über direkte Fernverbindungen mit IR-, IC- und ICE-Zügen aus Richtung Westen, ansonsten können Sie die Stadt gut über Berlin erreichen. Von München fährt ein Nachtzug direkt nach Potsdam, weitere Nachtzüge fahren von Köln, Bonn, Dortmund sowie von Amsterdam, Paris, Zürich und Prag (www.citynightline.de. nach Berlin. Von dort nehmen Sie die S-Bahn-Linie 7 nach Potsdam. Sie hält auf den Bahnhöfen Griebnitzsee, Babelsberg und am Hauptbahnhof.

Der nächstgelegene Flughafen wird der Willy-Brandt-Airport (BER) im Süden von Berlin. Bis zu seiner Eröffnung sind die Flughäfen Berlin-Tegel und Schönefeld weiterhin in Betrieb.
Potsdam ist durch die Regionalbahn RB 22 mit dem neuen Airport verbunden, die im Stundentakt verkehrt. Oder Sie fahren mit dem alle 30 Minuten verkehrenden Airport-Express RE 9 bis zum Berliner Hauptbahnhof, der (bei einem Halt an den Bahnhöfen Südkreuz und Potsdamer Platz) rund 30 Minuten benötigt. Vom Berliner Hauptbahnhof fahren Sie dann weiter nach Potsdam mit der S-Bahn-Linie 7.

GRÜN & FAIR REISEN

Auf Reisen können auch Sie viel bewirken. Behalten Sie nicht nur die CO_2-Bilanz für Hin- und Rückreise im Hinterkopf (www.atmosfair.de; de.myclimate.org) – etwa indem Sie Ihre Route umweltgerecht planen (www.routerank.com) – , sondern achten Sie auch Natur und Kultur im Reiseland (www.gate-tourismus.de; www.ecotrans.de). Gerade als Tourist ist es wichtig, auf Aspekte wie Naturschutz (www.nabu.de; www.wwf.de), regionale Produkte, wenig Autofahren, Wassersparen und vieles mehr zu achten. Wenn Sie mehr über ökologischen Tourismus erfahren wollen: europaweit www.oete.de; weltweit www.germanwatch.org

AUSKUNFT

TOURIST-INFORMATION
Die Tourist-Information (115 D2–3) (ψ F5) (April–Okt. Mo–Sa 9.30–18, So 9.30–16, Nov.–März Mo–Fr 10–18, Sa/So 9.30–16 Uhr | Brandenburger Str. 3 | Tel. 0331 27 55 88 99), vertreten auch im Hauptbahnhof (115 F4) (ψ G6) (Mo–Sa 9.30–20, So 10–16 Uhr), erteilt Auskünfte, gestaltet individuelle Tages- und Mehrtagesfahrten, bietet Stadtrundfahrten an, verkauft Publikationen und vermittelt Hotelzimmer und andere Unterkünfte in Potsdam und in der Umgebung. Online unter: www.potsdamtourismus.de

Von Anreise bis Wetter

Urlaub von Anfang bis Ende: die wichtigsten Adressen und Informationen für Ihre Potsdamreise

BESUCHERZENTRUM DER STIFTUNG PREUSSISCHE SCHLÖSSER & GÄRTEN BERLIN-BRANDENBURG

Besucherzentrum an der Historischen Mühle (119 E3) (ɯ E5) (April–Okt. tgl. 8.30–17.30 Uhr, Nov.–März Di–So 8.30–16.30 Uhr | An der Orangerie 1 | Tel. 0331 9 69 42 02 | www.spsg.de)

Besucherzentrum am Neuen Palais (118 A4) (ɯ C5) (April–Okt. tgl. 9–18 Uhr, Nov.–März So–Mi 10–17 Uhr | Am Neuen Palais 3)

FAHRRADVERLEIH

Potsdam per Pedales (April–Okt. tgl. 9–18.30, Sa/So 9–19, außerhalb der Saison Mo–Fr 9–18.30 Uhr) bietet im Bahnhof Griebnitzsee Fahrräder zur Erkundung von Stadt und Umgebung an. Auch auf dem Potsdamer Hauptbahnhof, S-Bahn-Gleis, können Sie Fahrräder ausleihen *(April–Okt. tgl. 9.30–19 Uhr | Tel. 0331 7 48 00 57 | www.pedales.de)*.

FUNDBÜRO

Das städtische Fundbüro befindet sich im Stadthaus *(115 E2) (ɯ F5) (Friedrich-Ebert-Str. 79–81 | Tel. 0331 2 89 15 87)*.

INTERNET/WLAN

Surfen leicht gemacht: Die Potsdamer und Besucher der Stadt können an zehn Hotspots 30 Minuten lang kostenlos ins Internet. Das WLAN-Netz deckt die gesamte Innenstadt ab, dazu gehört auch die Fußgängerzone. Zahlreiche Restaurants, Cafés und Hotels bieten ebenfalls Zugang zum Highspeed-Internet, mitunter gegen eine geringe Gebühr.

WAS KOSTET WIE VIEL?

Kaffee	Ca. 2 Euro
	eine Tasse
Bier	Ca. 2,20 Euro
	0,3 l vom Fass
Führung	12 Euro
	im Schloss Sanssouci
Kino	5 Euro
	im Filmmuseum
Fahrrad	Ab 10,50 Euro
	Miete für einen Tag
Straßenbahn	1,30 Euro
	Kurzstrecke sechs
	Haltestellen

NOTRUFE

Polizei (Tel. 110)
Feuerwehr und Notarzt (Tel. 112)
Kassenärztl. Notdienst (Tel. 0331 71 33 00)

ÖFFENTLICHE VERKEHRSMITTEL

Das Straßenbahn- und Busnetz ist gut ausgebaut, sodass jeder schnell an sein Ziel gelangt. Auf sechs touristischen Linien können Sie mit Bus oder Straßenbahn zu den Sehenswürdigkeiten der Stadt fahren. Die bekannteste ist die *Schlösserlinie* mit Bus 695, die den Hauptbahnhof mit dem Park Sanssouci verbindet.

Hilfe im Tarifdschungel bieten die *VIP-Kunden-Hotline (Tel. 0331 6 61 42 75 | www.vip-potsdam.de)* und die Kundenzentren in der Wilhelmgalerie, im Hauptbahnhof und in Babelsberg.

Preiswert, zeitsparend und erlebnisreich sind Fahrten mit den Potsdamer *Wasser-*

taxis (www.potsdamer-wassertaxi.de). Sie verkehren wie ein Linienbus nach festem Fahrplan und steuern 13 Stationen zu beiden Seiten der Havel an, u. a. Sacrow, Cecilienhof, die Schiffbauergasse. Die Taxis sind täglich von Ende April bis Anfang Oktober unterwegs (April und Oktober nur Sa/So), Fahrscheine erhalten Sie beim Schiffsführer. Wer mitfahren möchte, stellt sich zur Abfahrtszeit auf oder vor den Steg, macht sich also für den Schiffsführer sichtbar.

ÖFFNUNGSZEITEN

Wer bei den Restaurants sichergehen möchte, ob und wie lange geöffnet ist, sollte sich telefonisch erkundigen. Die Ladenöffnungszeiten sind in Potsdam freigegeben: Montags bis samstags dürfen die Geschäfte rund um die Uhr öffnen, Gebrauch davon machen allerdings die wenigsten. Kleinere Geschäfte, vornehm-

lich in der Umgebung Potsdams, haben oft eine Mittagspause. In den Wintermonaten bleiben in Potsdam und Umgebung einige Schlösser geschlossen.

RADFAHRVERBOT

Fußgänger haben in den Potsdamer Parkanlagen Sanssouci, Neuer Garten und Babelsberg absoluten Vorrang. Fahrräder dürfen nur auf bestimmten Strecken mitgeführt werden, das Fahren in Schrittgeschwindigkeit ist dort zeitweise erlaubt (April–Sept. 6–21, Nov.–Feb. 8–17, März und Okt. 7–18 Uhr). An den Parkeingängen befinden sich Übersichtstafeln, die die zum Radfahren freigegebenen Strecken nennen.

Im Park Sanssouci führt die Fahrradstrecke vom Neuen Palais am Chinesischen Haus vorbei zur Friedenskirche, im Park Babelsberg können Fahrräder vor allem am Ufer des Tiefen Sees genutzt wer-

WETTER IN POTSDAM

	Jan.	Feb.	März	April	Mai	Juni	Juli	Aug.	Sept.	Okt.	Nov.	Dez.
Tagestemperaturen in °C	2	4	8	13	19	22	23	22	19	13	6	3
Nachttemperaturen in °C	-3	-3	0	3	8	10	13	12	9	5	1	-2
Sonnenschein Stunden/Tag	2	2	5	6	8	8	8	7	6	4	2	1
Niederschlag Tage/Monat	10	9	8	9	8	9	10	9	8	8	9	9

PRAKTISCHE HINWEISE

den, und im Neuen Garten darf u. a. auf dem Ökonomieweg vom Haupteingang an der Alleestraße bis zur Meierei geradelt werden. Wer diesen Bestimmungen zuwiderhandelt, dem wird mit Verwarnungsgeldern bis zu 35 Euro und mit Bußgeld bis zu 10 000 Euro gedroht.

SCHIFFSAUSFLÜGE

Potsdam ist eine Insel, was vor allem vom Wasser aus deutlich wird. Bei einem Schiffsausflug ist vieles aus anderer Perspektive zu sehen. Beliebt sind die 90 Minuten dauernde *Schlösserrundfahrt* und die *Havelseenrundfahrt*, die nach Caputh, Petzow, Ferch und Werder führt. Die Fahrt kann am selben Tag beliebig oft unterbrochen und fortgesetzt werden, bietet also viele Möglichkeiten für Besichtigungen. Ein besonderes Erlebnis ist eine Fahrt mit der ● *Gustav,* einem original kohlebefeuerten Dampfschiff aus dem Jahr 1908. *Info: Weiße Flotte (An der Langen Brücke | Tel. 0331 2 75 92 10 | Tel. Fahrplanansage 0331 2 75 92 33 | www. schiffahrt-in-potsdam.de)*

STADTBESICHTIGUNGEN

Von April bis Oktober findet dienstags bis sonntags 11 Uhr eine *Stadtrundfahrt (Abfahrt: Luisenplatz, 11.10 Uhr, Zustieg am Hauptbahnhof mit Treffpunkt Tourist-Information, Nov.–März Fr–So 10.45 Uhr nur Abfahrt Luisenplatz | Preis 28 Euro/ Pers. | Dauer 3,5 Std.)* mit Besichtigung von Schloss und Park Sanssouci statt. Das ganze Jahr über werden verschiedene thematische Führungen angeboten, über die ebenfalls die *Tourist-Information* (s. S. 102) Auskunft erteilt.
Geführte *Radtouren* mit Witz und Esprit durch Potsdam und in die Umgebung führt *Potsdam per Pedales (jeden Sa 10.30 Uhr | Tel. 0331 7 48 00 57 | www.*

pedales.de) durch. Wer Potsdam lieber vom Wasser aus entdecken möchte, leiht sich im ● *Freizeithafen Havelmeer (Tel. 0331 2 00 26 25 | www.havelmeer. de)* auf dem Kiewitt ein Kajak oder mit Freunden ein Floß. Montags bis donnerstags können die Flöße auch nur für 3 Std. gemietet werden – das reicht, um von Deck aus die Angel auszuwerfen oder auch nur die Beine im Havelwasser baumeln zu lassen.

Mit dem *iGuide* können Sie die Stadt auf eigene Faust erkunden. Ca. 30 Sehenswürdigkeiten werden optisch und akustisch erlebbar gemacht. Mit dem *Tomis Audioguide* stellen Sie sich Ihre eigene Tour zusammen, gebraucht werden lediglich ein Handy oder MP3-Player, auf den die Audiodateien geladen werden. Infos über die *Tourist-Information.*

Mit dem freiwilligen Parkeintritt von 2 Euro in die Parkanlagen Sanssouci, Neuer Garten und Babelsberg unterstützen Sie den Erhalt dieser einzigartigen Anlagen.

TAXI

Zentrale Vermittlung rund um die Uhr *(Tel. 0331 29 29 29).* Im Stadtzentrum gibt es u. a. Standplätze am *Luisenplatz* (115 D3) (*ЉЉ F5),* *Platz der Einheit* (115 E3) (*ЉЉ G6)* und *Hauptbahnhof* (115 F4) (*ЉЉ G6). www.taxi-potsdam.de*

VERANSTALTUNGSTIPPS

Aktuelle Tipps erhalten Sie unter *Tel. 0331 27 55 88 99* oder *www. potsdamtourismus.de/veranstaltungen/ aktuelle-tipps.html* und im „Stadtmagazin Potsdam" *(www.events-potsdam. de)* sowie auch in „Potsdam life" *(www. potsdamlife.de)* und im „Top-Magazin Potsdam" *(www.tmm.de),* die vier- bis fünfmal jährlich erscheinen.

EIGENE NOTIZEN

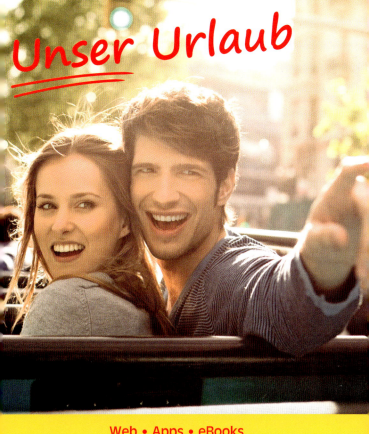

MARCO ⊕ POLO

Unser Urlaub

Web • Apps • eBooks

Die smarte Art zu reisen

Jetzt informieren unter:

www.marcopolo.de/digital

**Individuelle Reiseplanung,
interaktive Karten, Insider-Tipps.
Immer, überall, aktuell.**

CITYATLAS

Die grüne Linie ▬▬ **zeichnet den Verlauf der Stadtspaziergänge nach**

Der Gesamtverlauf dieser Spaziergänge ist auch in der herausnehmbaren Faltkarte eingetragen

Bild: Hans-Otto-Theater

Unterwegs in Potsdam

Die Seiteneinteilung für den Cityatlas finden Sie auf dem hinteren Umschlag dieses Reiseführers

109

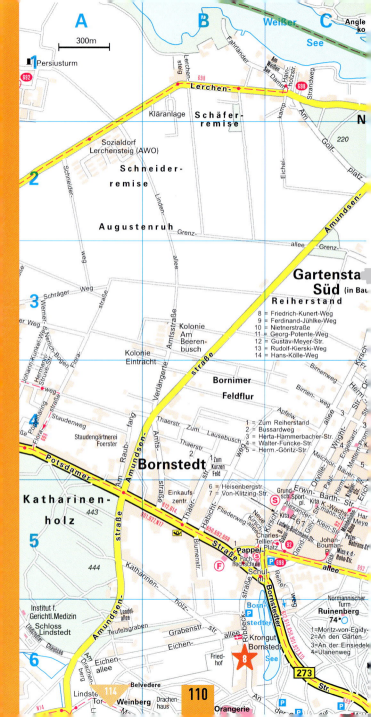

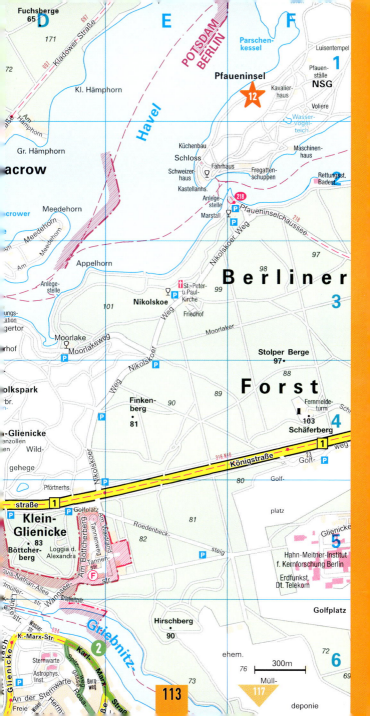

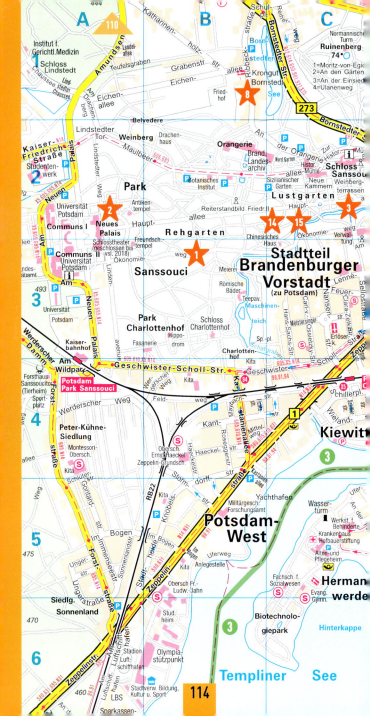

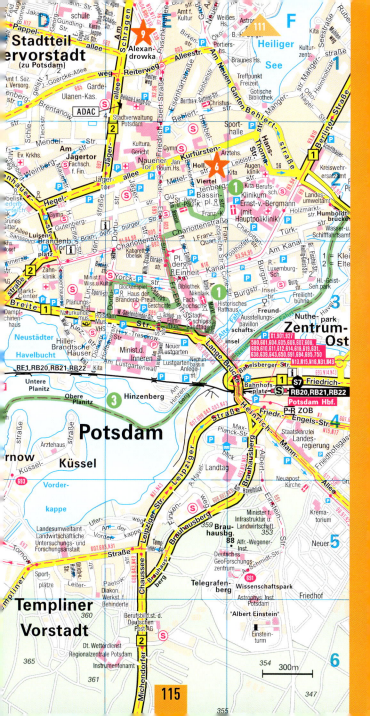

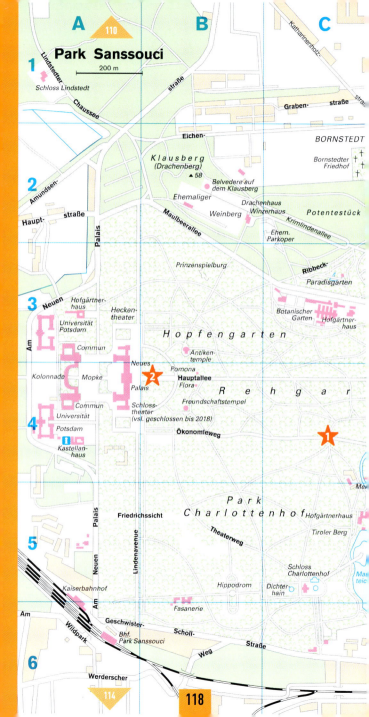

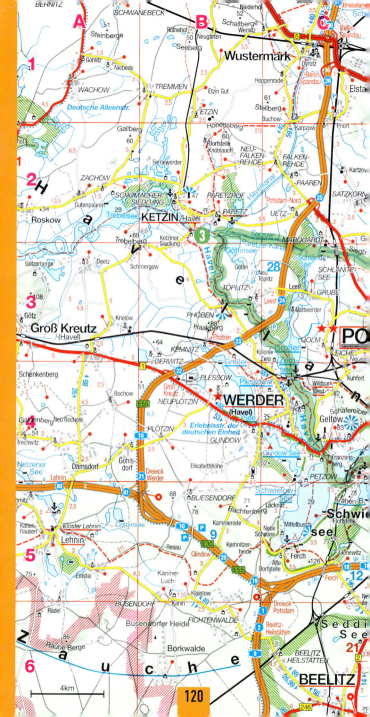

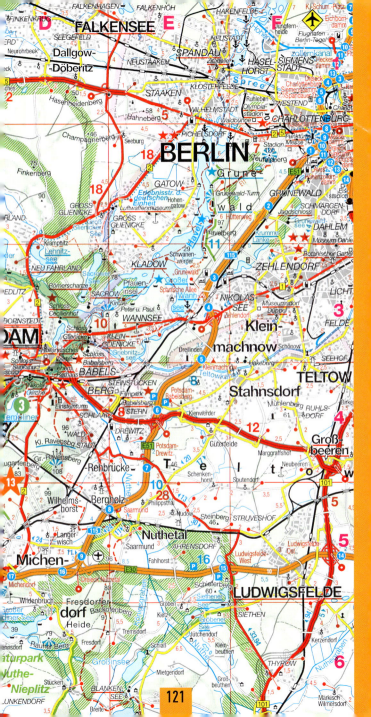

Das Register enthält eine Auswahl der im Cityatlas dargestellten Straßen und Plätze

A

Albert-Einstein-Str. **115/F4-F6**
Alexander-Klein-Str. **110/C5**
Allee nach Glienicke **116/C2-117/D1**
Allee nach Sanssouci **115/D2-D3**
Alleestr. **115/E1**
Alt Nowawes **116/B3-C2**
Alter Tornow **115/D5**
Althoffstr. **117/D4**
Am Alten Friedhof **116/A5-B5**
Am Alten Markt **115/E3**
Am Babelsberger Park **116/A2-B3**
Am Bassin **115/E2**
Am Böttcherberg **113/D5**
Am Brunnen **116/A6**
Am Drachenberg **114/A1-A2**
Am Golfplatz **110/C1-111/E3**
Am Grünen Gitter **114/C3-115/D2**
Am Hang **111/E4**
Am Havelblick **115/F5**
Am Kanal **115/E3-F3**
Am Klubhaus **117/E3-F3**
Am Luftschiffhafen **114/A6**
Am Lustgartenwall **115/D3-E4**
Am Mittelbusch **117/E6-F6**
Am Neuen Garten **111/F4-F6**
Am Neuen Palais **114/A2-118/A2**
Am Pfingstberg **111/E4**
Am Raubfang **110/A5-B4**
Am Reiherbusch **111/E3-E4**
Am Schragen **111/E5-E6**
Am Sportplatz **117/E4**
Am Wildpark **114/A4-118/A6**
Amtsstr. **110/B4-B5**
Amundsenstr. **110/A6-111/D1**
An den Windmühlen **117/D4-D5**
An der Alten Zauche **116/C5-C6**
An der Orangerie **114/B2-119/D2**
An der Roten Kaserne **111/D3**
An der Sandscholle **117/E4**
An der Sternwarte **117/D1-D2**
An der Vorderkappe **115/D5-E5**
Angermannstr. **111/D4**
Anhaltstr. **117/D4**
Annemarie-Wolf-Platz **111/D5**
Auf dem Kiewitt **114/C3-119/E6**
August—Bebel-Str. **117/F3-F5**
August—Bier-Str. **117/E2**
August—Bonnes-Str. **111/D5**

B

Babelsberger Str. **115/F4-116/A4**
Baberow-Weg **116/C5-117/D5**
Bäckerstr. **115/D3-E3**
Bahnhofstr. **117/F5**
Bassinplatz **115/E2**
Beethovenstr. **117/F4-F5**
Beetzweg **117/D5**
Behlertstr. **115/E1-F2**
Behringstr. **117/D2-D3**
Benda-Str. **116/C3**
Benkertstr. **115/E2**
Benzstr. **116/C4-117/D3**
Bergholzer Str. **116/A4**
Berliner Str. **112/C5-115/F2**
Bertha-von-Suttner-Str. **111/E6**
Bertiniweg **111/E2-E3**
Beyerstr. **111/E5**
Biberweg **117/D5**
Billy-Wilder-Platz **117/E4-F4**
Binsenhof **116/C6**
Birkenstr. **115/E5-E6**
Blumenstr. **110/B5**
Blumenweg **117/D4**
Böcklinstr. **112/B5**

Bornstedter Feld **111/D5**
Bornstedter Str. **110/C5-119/D1**
Brandenburger Str. **115/D3-E2**
Brauhausberg **115/E5-F4**
Breite Str. **115/D3-119/F5**
Brentanoweg **115/D1**
Bruno-H.-Bürgel-Str. **117/D2-D3**
Burgstr. **115/F3**

C

Carl-Christian-Horvath-Str. **111/D5**
Carl-von-Ossietzky-Str. **114/C3-119/D5**
Charles-Tellier-Platz **110/B5-C5**
Charlottenstr. **115/D3-F3**
Clara-Zetkin-Str. **114/C3-119/E5**

D

Daimlerstr. **116/B4-C4**
Dianestr. **117/F4**
Dieselstr. **116/C4-117/D4**
Domstr. **117/D3-E3**
Donarstr. **116/C2-117/D2**
Dortustr. **115/D3-E2**
Drevesstr. **116/A5-B6**

E

Ebräerstr. **115/E3**
Edisonallee **116/B3-B4**
Eichenallee **114/A1-118/B2**
Eidenkamp **110/C1-C2**
Eisenhartstr. **111/E6**
Eltesterstr. **116/A3**
Emil-Jannings-Str. **117/E4**
Erich-Mendelsohn-Allee **110/C5-111/D3**
Erlenhof **116/C6**
Erwin-Barth-Str. **110/C5**
Espengrund **117/E3**

F

Fahrlander Damm **110/B1-C1**
Fährstr. **112/C2-C3**
Falkenhorst **116/C5-C6**
Feuerbachstr. **114/C3-119/E5**
Fichtenallee **117/F6**
Filchnerstr. **117/D2-D3**
Finkenweg **115/E5**
Fliederweg **110/B5**
Florastr. **110/A3-A4**
Fontanestr. **117/E3**
Försterweg **117/F4**
Forststr. **114/A4-A6**
Franz-Mehring-Str. **117/D4-E4**
Französische Str. **115/E3-F2**
Freiligrathstr. **117/E3**
Freyaplatz **117/D2**
Friedhofgasse **116/A4**
Friedrich-Ebert-Str. **115/E1-E3**
Friedrich-Engels-Str. **115/F4-116/B4**
Friedrich-Holländer-Str. **117/E4**
Friedrich-List-Str. **115/F4-116/B3**
Friedrichssiedt **118/A5-B5**
Friesenstr. **116/C4**
Fritz-Zubeil-Str. **117/D4-D6**
Fuldaer Str. **117/F6**
Fultonstr. **116/C4**

G

Gagarinstr. **117/F5-F6**
Garnstr. **116/B3-C3**
Gartenstr. **117/D5-E5**
Georg-Wilhelm-Pabst-Str. **117/E4**
Gerog-Hermann-Allee **111/D3-D5**
Geschwister-Scholl-Str.

114/A4-119/E6
Glasmeisterstr. **116/B3-B4**
Glienicke Brücke **112/B5-C5**
Glienicker Winkel **117/D2**
Glumestr. **111/E5-F5**
Goetheplatz **117/D3**
Goethestr. **117/D3**
Goutardstr. **114/A5**
Grabenstr. **114/B1-118/C1**
Gregor-Mendel-Str. **115/D2**
Grenzallee **110/C2-111/D3**
Grenzstr. **116/C2-C3**
Grillparzerstr. **114/C4**
Großbeerenstr. **116/C4-117/F5**
Große Fischerstr. **116/A3**
Große-Weinmeister-Str. **111/E5-F4**
Grüner Weg **110/A3**
Grünstr. **117/E5**
Gutenbergstr. **115/D2-F2**

H

Habichthorst **116/C5**
Habichtweg **110/B4-B5**
Haeckelstr. **114/B4**
Hannes-Meyer-Str. **110/C5**
Hans-Grade-Ring **117/F5-F6**
Hans-Marchwitza-Ring **116/A3-B3**
Hans-Sachs-Str. **114/C3-119/D5**
Hans-Thoma-Str. **115/F2**
Hauptallee **114/A2-119/F4**
Hebbelstr. **115/E1-F2**
Hebelstr. **115/E1**
Hegelallee **115/D2-E2**
Heideweg **117/D4**
Heilig-Geist-Str. **115/F2-F3**
Heinestr. **117/D2-D3**
Heinrich-George-Str. **117/E4**
Heinrich-Mann-Allee **115/F4-116/C6**
Heinrich-von-Kleist-Str. **116/C4**
Helmholtzstr. **116/A1**
Helmut-Lange-Str. **115/E1**
Henning-von-Tresckow-Str. **115/E3**
Herderstr. **117/E3**
Hermann-Elflein-Str. **115/D2-D3**
Hermann-Käsack-Str. **111/D4-D5**
Hermann-Maaß-Str. **117/D2**
Hermann-Mattern-Promenade **110/C5-111/D3**
Herthastr. **117/D2**
Hessestr. **111/E5**
Hofbauerstr. **115/D3-E3**
Höhenstr. **111/E3-F4**
Hoher Weg **116/C2**
Holzmarktstr. **116/A2**
Horst-Bienek-Str. **111/D5**
Horstweg **116/B6-C4**
Humboldtring **116/A3-B3**

I

Im Bogen **114/A5-B5**
Im Schäferfeld **117/F6**
Immenseestr. **114/A5**
Inselhof **116/C6-117/D6**

J

Jägerallee **115/E1-E2**
Jägersteig **117/F4**
Jägerstr. **115/E2**
Jahnstr. **116/C4**
Jakob-von-Gundling-Str. **111/D5**
Jochen-Klepper-Str. **111/D5**
Joe-May-Str. **117/E4-F4**
Johannsenstr. **116/B4**
Johann-Strauß-Platz **117/D2**
Joliot-Curie-Str. **115/E3-F3**

STRASSENREGISTER

Josef-von-Sternberg-Str. **117/E4**
Jutestr. **116/B2-C3**

K

Kantstr. **114/B4-C4**
Karen-Jeppe-Str. **111/D5-D6**
Karl-Gruhl-Str. **116/C3-117/D3**
Karl-Liebknecht-Str. **116/C2-C4**
Karl-Marx-Str. **117/D1-F3**
Kastanienallee **114/B4-B5**
Katharinastr. **117/F6**
Katharinenholzstr. **110/A5-118/C1**
Kiepenheuer-Allee **110/C5-111/E5**
Kiezstr. **115/D3**
Kirschallee **110/C3-C5**
Kladower Str. **112/C2-113/E1**
Kleewall **117/D5**
Kleine Str. **117/E4**
Kleine Weinmeisterstr. **111/E5**
Knobelsdorffstr. **114/B4-B5**
Kolonie Daheim **116/A5-B5**
Konsumhof **117/D5**
Kopernikusstr. **116/C4-117/D4**
Körnerweg **117/D3**
Kottmeierstr. **116/B6**
Krampnitzer Str. **112/A1-C2**
Kreuzstr. **116/C3**
Kunersdorfer Str. **116/A5-B6**
Kurfürstenstr. **115/E2-F2**
Kurze Str. **116/A4**
Küsselstr. **115/D4**

L

Lange Brücke **115/E3-F4**
Langhansstr. **111/E4-F4**
Leiblstr. **115/E2-F2**
Leipziger Str. **115/E5-F4**
Leistikowstr. **111/F5**
Leiterstr. **115/D5**
Lendelallee **114/A1**
Lennéstr. **114/C3-119/F5**
Lerchensteig **110/B1-111/D1**
Lessingstr. **117/D3**
Lilian-Harvey-Str. **117/E4**
Lilienthalstr. **117/F5**
Lindenavenue **114/A3-118/A4-A6**
Lindenstr. **115/D2-D3**
Lotte-Pulewka-Str. **116/A3-B4**
Louis-Nathan-Allee **113/D5**
Ludwig-Boltzmann-Str. **110/C5**
Ludwig-Richter-Str. **112/A5-B5**
Luisenplatz **115/D2-D3**
Lutherplatz **116/B4-C4**
Lutherstr. **116/C3**

M

Mangerstr. **115/F1-116/A1**
Marlene-Dietrich-Allee **117/E5-F4**
Mauerstr. **115/D2**
Maulbeerallee **114/A2-119/E3**
Max-Planck-Str. **115/E4-F4**
Max-Volmer-Str. **116/A3-B3**
Maybachstr. **114/B4-C4**
Meistersingerstr. **114/C3-119/D5-E5**
Menzelstr. **112/B5**
Merkurstr. **117/F5**
Michendorfer Chaussee **115/E5-E6**
Milanhorst **116/C6**
Mitteldamm **117/D5**
Mittelstr. **115/E2**
Moritz-von-Egidy-Str. **115/D1**
Mövenstr. **112/C5-113/D5**
Mozartstr. **117/F5**
Mühlenbergweg **115/D2**
Mühlenstr. **116/B3**
Mühlenweg **116/A1**

Müllerstr. **116/C3**

N

Nansenstr. **114/C3-119/E5**
Nedlitzer Str. **111/D1-E5**
Nelkenweg **111/E3-E4**
Neue Str. **116/B3**
Neuendorfer Anger **116/B4-C4**
Nuthestr. **116/A2-117/F6**
Nuthewinkel **116/B5**

O

Ökonomieweg **114/A3-119/E4**
Orville-Wright-Str. **110/C5-111/D3**
Otterweg **117/D5**
Otto-Erich-Str. **117/E3**
Otto-Nagel-Str. **116/A1**

P

Paetowstr. **115/D5-E5**
Pappelallee **110/B5-111/E6**
Parallelweg **117/E5-F5**
Parkstr. **115/D1-D2**
Pasteurstr. **116/C3-117/D3**
Paul-Engelhard-Str. **110/C4-C5**
Paul-Neumann-Str. **117/D3-E4**
Persiusstr. **117/E5**
Pestalozzistr. **117/D4**
Peter-Behrens-Str. **110/C5**
Pietschkerstr. **117/F6**
Plantagenplatz **117/D3**
Plantagenstr. **117/D3**
Platz der Einheit **115/E3**
Posthofstr. **115/E3-F2**
Potsdamer Str. **110/A4-B5**
Prager-Str. **117/D5**
Prof. Dr. Helmert-Str. **117/F3**
Puschkinallee **111/E4-E6**

R

Reiherweg **110/C5-119/D1**
Reinhold-Scheider-Str. **111/D5**
Reiterweg **115/E1**
Rembrandt-Str. **112/B5**
Reuterstr. **117/D3**
Ribbeckstr. **110/B5-119/D2**
Robert-Koch-Str. **117/E2**
Rosa-Luxemburg-Str. **117/D2-E2**
Roseggerstr. **114/B4**
Rosenstr. **117/D4-E4**
Rubensstr. **112/A5-B6**
Rückertstr. **110/A2-B1**
Rudolf-Breitscheid-Str.
      116/B3-117/F3
Rudolf-Moos-Str. **116/C5-117/D5**
Ruinenbergstr. **111/D5-119/F1**
Russische Kolonie **111/E5**

S

Sauerbruchstr. **117/D2-E2**
Scheffelstr. **117/D2**
Schilfhof **116/C6**
Schillerplatz **114/C4**
Schillerstr. **114/C4**
Schlaatzstr. **116/A4**
Schlaatzweg **116/A4-C5**
Schlegelstr. **115/D1-D2**
Schloßstr. **115/E3**
Schlüterstr. **114/A4-A5**
Schopenhauer Str. **114/C2-119/F3**
Schubertstr. **117/F5**
Schulstr. **116/C4**
Schwanenallee **112/B4-B5**
Seestr. **112/A6-B5**
Sellostr. **114/C3-119/E5**
Semmelweisstr. **116/C2-117/D3**

Siefertstr. **115/E3**
Siemensstr. **116/C4**
Sonnenlandstr. **114/A5**
Sperberhorst **116/C5**
Spindelstr. **116/C3**
Spitzweggasse **117/D1-D2**
Spornstr. **115/D3**
Stadtheide **114/A5-B5**
Stahnsdorfer-Str. **117/D3-F3**
Stechlinweg **111/D5**
Steinstr. **117/F3-F4**
Stephensonstr. **116/C4-117/D4**
Stormstr. **114/B4-B5**

T

Tannenstr. **113/D5-E5**
Teltoner Damm **116/B6-C6**
Templiner Str. **114/C6-115/E5**
Thaerstr. **110/B4-B5**
Theaterweg **118/B4-C5**
Tieckweg **115/D1-D2**
Tizianstr. **112/B5**
Tornowstr. **115/D4-D5**
Tuchmacher-Str. **116/C3**
Türkstr. **116/A2**
Turmstr. **116/C3-117/D3**

U

Uferweg **114/B5-115/E5**
Uhlandstr. **117/D3**
Ulmenstr. **117/D6-E5**
Ulrich-von-Hutten-Str. **115/D5**
Ungerstr. **114/A5-A6**

V

Verlängerte Amtsstr. **110/B3-B4**
Virchowstr. **117/E2-F3**
Vogelweide **111/E3-E4**
Voltaireweg **114/C2-119/F3**

W

Wagnerstr. **117/F4-F5**
Waldmüllerstr. **113/D5-D6**
Waldrand **113/D5-E5**
Waldstr. **116/B6**
Wall am Kiez **115/D3-D4**
Walter-Klausch-Str. **116/C5-117/D4**
Wannseestr. **117/D1**
Wasserstr. **117/D1**
Wattstr. **116/C4**
Weberplatz **116/C3**
Weidendamm **117/D4-D5**
Weinbergstr. **115/D2**
Weinmeisterweg **112/C2**
Werderscher Weg **114/A4-B4**
Wetzlarer Str. **117/E6-F5**
Wichgrafstr. **116/C3-117/D3**
Wickenweg **111/E3-E4**
Wielandstr. **114/C4**
Wiesenstr. **116/A3-B4**
Wilhelm-Leuschner-Str. **113/D5**
Wilhelm-Seelenbinder-Str. **115/E3**
Wilhelm-Staab-Str. **115/E3**
Wollestr. **116/B3-C2**

Y

Yorckstr. **115/E3**

Z

Zarah-Leander-Str. **117/E4-F4**
Zeppelinstr. **114/A6-119/D6**
Zimmerplatz **114/C3-115/D3**
Zimmerstr. **113/D3-119/F5**
Zum Lausebusch **110/B4**
Zur Historischen Mühle
      114/C2-119/E3-F3

KARTENLEGENDE

FÜR IHRE NÄCHSTE REISE ...

ALLE **MARCO POLO** REISEFÜHRER

DEUTSCHLAND

Allgäu
Bayerischer Wald
Berlin
Bodensee
Chiemgau/
  Berchtesgadener
  Land
Dresden/
  Sächsische
  Schweiz
Düsseldorf
Eifel
Erzgebirge/
  Vogtland
Föhr/Amrum
Franken
Frankfurt
Hamburg
Harz
Heidelberg
Köln
Lausitz/
  Spreewald/
  Zittauer Gebirge
Leipzig
Lüneburger Heide/
  Wendland
Mecklenburgische
  Seenplatte
Mosel
München
Nordseeküste
  Schleswig-
  Holstein
Oberbayern
Ostfriesische Inseln
Ostfriesland/
  Nordseeküste
  Niedersachsen/
  Helgoland
Ostseeküste
  Mecklenburg-
  Vorpommern
Ostseeküste
  Schleswig-
  Holstein
Pfalz
Potsdam
Rheingau/
  Wiesbaden
Rügen/Hiddensee/
  Stralsund
Ruhrgebiet
Sauerland
Schwarzwald
Stuttgart
Sylt
Thüringen
Usedom
Weimar

ÖSTERREICH SCHWEIZ

Berner Oberland/
  Bern
Kärnten
Österreich
Salzburger Land
Schweiz

Steiermark
Tessin
Tirol
Wien
Zürich

FRANKREICH

Bretagne
Burgund
Côte d'Azur/
  Monaco
Elsass
Frankreich
Französische
  Atlantikküste
Korsika
Languedoc-
  Roussillon
Loire-Tal
Nizza/Antibes/
  Cannes/Monaco
Normandie
Paris
Provence

ITALIEN MALTA

Apulien
Dolomiten
Elba/Toskanischer
  Archipel
Emilia-Romagna
Florenz
Gardasee
Golf von Neapel
Ischia
Italien
Italienische Adria
Italien Nord
Italien Süd
Kalabrien
Ligurien/Cinque
  Terre
Mailand/
  Lombardei
Malta/Gozo
Oberital. Seen
Piemont/Turin
Rom
Sardinien
Sizilien/Liparische
  Inseln
Südtirol
Toskana
Umbrien
Venedig
Venetien/Friaul

SPANIEN PORTUGAL

Algarve
Andalusien
Barcelona
Baskenland/
  Bilbao
Costa Blanca
Costa Brava
Costa del Sol/
  Granada

Fuerteventura
Gran Canaria
Ibiza/Formentera
Jakobsweg/
  Spanien
La Gomera/
  El Hierro
Lanzarote
La Palma
Lissabon
Madeira
Madrid
Mallorca
Menorca
Portugal
Spanien
Teneriffa

NORDEUROPA

Bornholm
Dänemark
Finnland
Island
Kopenhagen
Norwegen
Oslo
Schweden
Stockholm
Südschweden

WESTEUROPA BENELUX

Amsterdam
Brüssel
Cornwall und
  Südengland
Dublin
Edinburgh
England
Flandern
Irland
Kanalinseln
London
Luxemburg
Niederlande
Niederländische
  Küste
Schottland

OSTEUROPA

Baltikum
Budapest
Danzig
Krakau
Masurische Seen
Moskau
Plattensee
Polen
Polnische
  Ostseeküste/
  Danzig
Prag
Slowakei
St. Petersburg
Tallinn
Tschechien
Ukraine
Ungarn
Warschau

SÜDOSTEUROPA

Bulgarien
Bulgarische
  Schwarzmeer-
  küste
Kroatische Küste/
  Dalmatien
Kroatische Küste/
  Istrien/Kvarner
Montenegro
Rumänien
Slowenien

GRIECHENLAND TÜRKEI ZYPERN

Athen
Chalkidiki/
  Thessaloniki
Griechenland
  Festland
Griechische Inseln/
  Ägäis
Istanbul
Korfu
Kos
Kreta
Peloponnes
Rhodos
Samos
Santorin
Türkei
Türkische Südküste
Türkische Westküste
Zákinthos/Itháki/
  Kefalloniá/Léfkas
Zypern

NORDAMERIKA

Alaska
Chicago und
  die Großen Seen
Florida
Hawai´i
Kalifornien
Kanada
Kanada Ost
Kanada West
Las Vegas
Los Angeles
New York
San Francisco
USA
USA Ost
USA Südstaaten/
  New Orleans
USA Südwest
USA West
Washington D.C.

MITTEL- UND SÜDAMERIKA

Argentinien
Brasilien
Chile
Costa Rica
Dominikanische
  Republik

Jamaika
Karibik/
  Große Antillen
Karibik/
  Kleine Antillen
Kuba
Mexiko
Peru/Bolivien
Venezuela
Yucatán

AFRIKA UND VORDERER ORIENT

Ägypten
Djerba/
  Südtunesien
Dubai
Israel
Jordanien
Kapstadt/
  Wine Lands/
  Garden Route
Kapverdische
  Inseln
Kenia
Marokko
Namibia
Rotes Meer/Sinai
Südafrika
Tansania/
  Sansibar
Tunesien
Vereinigte
  Arabische
  Emirate

ASIEN

Bali/Lombok/Gilis
Bangkok
China
Hongkong/Macau
Indien
Indien/Der Süden
Japan
Kambodscha
Ko Samui/
  Ko Phangan
Krabi/Ko Phi Phi/
  Ko Lanta
Malaysia
Nepal
Peking
Philippinen
Phuket
Shanghai
Singapur
Sri Lanka
Thailand
Tokio
Vietnam

INDISCHER OZEAN UND PAZIFIK

Australien
Malediven
Mauritius
Neuseeland
Seychellen

Viele MARCO POLO Reiseführer gibt es auch als eBook – und es kommen ständig neue dazu!
Checken Sie das aktuelle Angebot einfach auf: www.marcopolo.de/e-books

REGISTER

In diesem Register sind alle im Reiseführer erwähnten Sehenswürdigkeiten und Ausflugsziele sowie einige wichtige Straßen und Plätze aufgeführt. Gefettete Seitenzahlen verweisen auf den Haupteintrag.

Abenteuerpark 96
Alexander-Newski-Kirche 52
Alte Fahrt 43, 95
Alter Friedhof 55
Alter Markt 39
Altes Rathaus 14, **40**, 56, 90
Babelsberg 21, **52**, **54**, **55**, 98, 99
Babelsberger Park 12
Belvedere (Klausberg) 48
Belvedere (Pfingstberg) 23, 24, **48**
Berliner Vorstadt 56
Bildergalerie 28
Biosphäre Potsdam **50**, 55
Blumengarten 37
Bornstedter Friedhof 50
Botanischer Garten 29
Brandenburger Straße 39, 68
Brandenburger Tor 11, 24, 40, **41**, 91
Brandenburger Vorstadt 57
Caputh **85**, 98, 105
Caputher Gemünde 95
Chinesisches Teehaus 24, **30**
Communs 33
Dampfmaschinenhaus **42**, 53
Dortustraße **42**, 90
Drachenhaus 48
Einsteinturm 59
Extavium 96
Fabrik 47
Fahrlander See 95
Ferch 82, 85, **87**, 105
Filmmuseum **42**, 43, 90
Filmpark Babelsberg 15, 54, 55, **57**, **96**
Flatowturm 53
Foerster-Garten 58
Französische Kirche **43**, 92
Freundschaftsinsel 20, **43**, 95
Friedenskirche **30**, 91
Friedrichskirche 56
Garnisonswäscherei 47
Gedenk- und Begegnungsstätte Leistikowstraße 50
Gedenkstätte Lindenstraße 54 43
Geltow 87, 95
Gerichtslaube 54

Glienicker Brücke 11, 14, **19**, 20, 23, 25, 58, 59, 83, 85, 95
Glienicker Lake 53
Gotische Bibliothek 37
Griebnitzsee 56, 92, 103
Große Neugierde 82
Großer Zernsee 95
Großes Militärwaisenhaus 43
Hans-Otto-Theater 46, 56, **75**
Haus der Brandenburgisch-Preußischen Geschichte **44**, 46
Heckentheater 33
Heilandskirche 23, 89
Heiliger See 56
Hermannswerder 57
Hiller-Brandtschen-Häuser 90
Historische Mühle 31
Hofgarten-Karree 68
Holländisches Etablissement 37
Holländisches Viertel 11, 24, 39, **44**, 48, 68, 72, 92, 99
Jägertor 44
Jan–Bouman-Haus 44
Jungfernsee 95
Kabinetthaus 45
Kaiserbahnhof 32
Karl-Liebknecht-Stadion 21
Klaistow 87
Kleinen Zernsee 95
Kleines Schloss 53
Knobelsdorffhaus 40
Krongut Bornstedt **51**, 68, 99
Küchengebäude (Marmorpalais) 38
Lindenhof 68
Lindenstraße 45
Luisenforum 68
Marmorpalais 25, 36, **38**
Marstall 42, 43, 53
Matrosenhaus 53
Medienstadt Babelsberg 57
Meierei **38**, 105
Mühlenmuseum 32
Museum Alexandrowka 51
Museum Fluxus + 47
Naturkundemuseum 45
Nauener Tor 26, **45**, 92

Nauener Vorstadt 51
Nedlitz 95
Neu-Babelsberg **55**, **58**, **92**
Neu-Fahrland 95
Neue Fahrt 43, 95
Neuer Friedhof 58
Neuer Garten 12, 23, **36**, 83, 104
Neuer Lustgarten 14, 39, 43
Neuer Markt 39, **45**, 91
Neues Palais 13, 14, **32**, 97, 99
Nikolaikirche 14, 40, **46**, 90
Nikolskoe 83
Normannischer Turm 24, **51**
Olympiastützpunkt Potsdam 21
Orangerie 37
Orangerieschloss 24, **33**
Palast Barberini 14
Palazzo Chiericati 14
Palazzo Pompei 14
Paretz **87**, 95
Park Babelsberg 23, **52**, 83, 104
Park Charlottenhof 47
Park Sanssouci 23, 27, 47, 83, 103, 104
Peter-Pauls-Kirche **46**, 92
Petzow 85, **88**, 95, 105
Pfaueninsel 23, 82, **84**
Pfingstberg 23
Phöben 95
Pomonatempel 49
Potsdam Museum 40
Pyramide 38
Ravensberge 23
Römische Bäder 33
Russische Kolonie Alexandrowka 12, 23, 24, 48, 51, **52**
Sacrow 23, 89
Sacrow-Paretzer Kanal 95
Sacrower Halbinsel 95
Schiffbauergasse 12, 25, **46**, 56, 72, 99
Schlänitz 95
Schloss Babelsberg **54**, 92
Schloss Cecilienhof 14, 20, 25, **38**
Schloss Charlottenhof 34
Schloss Glienicke 85
Schloss Neue Kammern 34
Schloss Sanssouci 11, 24,

27, 28, **35**, 128
Schlossküche 36
Schlosstheater 33, 75
Schwielowsee 82, 95, 128
Stadtkanal 14, 90, 91
Stadtschloss 14, 22, 39, **47**, 90
Ständehaus 45
Telegrafenberg 23, 54, 59

Templin 95
Templiner See 95
Tiefer See 53, 56, 104
Turbine Potsdam 11
Uferpark 47
Villa Schöningen 20, 25, **58**
Volkspark Klein-Glienicke 82, 83, **85**
Volkspark Potsdam 13, 97

Weberplatz 55, 98, 99
Werder 62, 85, **89**, 95, 98, 105
Wissenschaftspark Albert Einstein 54, **59**
Zichorienmühle 47
Zinnfigurenmuseum 51
Zweite Neustadt 47

SCHREIBEN SIE UNS!

Egal, was Ihnen Tolles im Urlaub begegnet oder Ihnen auf der Seele brennt, lassen Sie es uns wissen! Ob Lob, Kritik oder Ihr ganz persönlicher Tipp – die MARCO POLO Redaktion freut sich auf Ihre Infos.
Wir setzen alles dran, Ihnen möglichst aktuelle Informationen mit auf die Reise zu geben. Dennoch schleichen sich manchmal Fehler ein – trotz gründlicher Recherche unserer Autoren/innen. Sie haben sicherlich Verständnis, dass der Verlag dafür keine Haftung übernehmen kann.

MARCO POLO Redaktion
MAIRDUMONT
Postfach 31 51
73751 Ostfildern
info@marcopolo.de

IMPRESSUM
Titelbild: Brandenburger Tor (picture alliance:Zentralbild)
Fotos: Brille und Bauch, Agentur für Kommunikation KG (17 o.); Filmpark Babelsberg (15, 96/97); J. A. Fischer (78, 86); Fotostudio Böttcher (99); R. Freyer (Klappe l., 3 M., 3 u., 6, 24 l., 39, 48, 52, 55, 59, 65, 66 r., 70, 72/73, 76/77, 94, 100 o.); Galerie Ruhnke: Werner Ruhnke (16 o.); Getty images Creative RM/Look: Böttcher (40, 44); F. Ihlow (23, 32, 90/91, 101); Labsal: Magdalena Weber (17 u.); Laif/ Zenit: Langrock (75); Laif: Büssemeier (96); Laif: Kirchner (8, 9, 10/11, 18/19, 51, 82/83, 88, 97, 98/99); Linkel (2 o., 2 M. o., 2 u., 4, 5, 7, 46, 60/61); J. Leopold (43); Look: Böttcher (2 M. u., 20, 26/27, 62, 98); ©istockphoto.com: Tomasz Pietryszek (16 u.); mauritius images/United Archives/INSADCO: Plöb (12/13); mauritius images: Bahnmüller (3 o., 68/69), Schöfmann (24 r.), Steiner (25); picture alliance: Zentralbild (1 o.), J. Scheibner (Klappe r., 56/57, 100 u., 108/109); H. Schlemmer (92); Seebad Caputh GbR (16 M.); Stiftung Preußische Schlösser und Gärten Berlin-Brandenburg/Laif: Adenis (30), Kirchner (34/35), Stiftung Preußische Schlösser und Gärten Berlin-Brandenburg/mauritius images: Alamy (36); K. Sucher (1 M., 81); vario images: Chromorange (66 l.); Visum: Langreder (84); B. Wurlitzer (1 u.)

11., aktualisierte Auflage 2015
© MAIRDUMONT GmbH & Co. KG, Ostfildern
Chefredaktion: Marion Zorn
Autoren: Kerstin Sucher, Bernd Wurlitzer
Redaktion: Marlis v. Hessert-Fraatz
Verlagsredaktion: Ann-Katrin Kutzner, Nikolai Michaelis, Kristin Schimpf, Martin Silbermann
Prozessmanagement Redaktion: Verena Weinkauf; Bildredaktion: Gabriele Forst
Im Trend: wunder media, München
Kartografie Reiseatlas: © MAIRDUMONT, Ostfildern; Kartografie Faltkarte: © MAIRDUMONT, Ostfildern
Innengestaltung: milchhof:atelier, Berlin; Titel, S. 1, Titel Faltkarte: factor product münchen
Das Werk einschließlich aller seiner Teile ist urheberrechtlich geschützt. Jede urheberrechtsrelevante Verwertung ist ohne Zustimmung des Verlags unzulässig und strafbar. Das gilt insbesondere für Vervielfältigungen, Übersetzungen, Nachahmungen, Mikroverfilmungen und die Einspeicherung und Verarbeitung in elektronischen Systemen.
Printed in China

ZU SPÄT KOMMEN

Wenn Sie in den Ferienmonaten erst am späten Nachmittag auf eine Eintrittskarte für das Schloss Sanssouci hoffen, dann haben Sie sicher Pech. Mittags sind oftmals schon alle Karten verkauft, denn aus restauratorischen Gründen ist die tägliche Besucherzahl begrenzt.

DEN OBSTWEIN UNTERSCHÄTZEN

„Bretterknaller" wird der Obstwein aus Werder bei Potsdam bezeichnet, denn er hat einen Alkoholgehalt von 14 Prozent. Böse Erfahrungen musste schon manch einer machen, der den süffigen Sauerkirsch-, Erdbeer-, Schwarze-Johannisbeer- oder Apfelwein wie Fruchtsaft in sich hineinschüttete.

MIT DEM AUTO FAHREN

Gut beraten ist, wer das Auto parkt und für den Rest des Tages nicht wieder einsteigt, um seine Nerven zu schonen. Denn für Gäste erscheint die Verkehrsführung oftmals chaotisch. Zum anderen: Zu Fuß oder mit dem Fahrrad sehen Sie vieles, was Ihnen als gestresster Autofahrer entgeht.

LEICHTSINNIG SEIN

Bei südlichen bis südwestlichen Winden kann sich der Schwielowsee in ein gefährliches Gewässer verwandeln. Nicht wenige Bootsfahrer hat der plötzlich aufkommende Wellengang schon in Lebensgefahr gebracht.

UNACHTSAM SEIN

In Warenhäusern oder öffentlichen Verkehrsmitteln achtet mittlerweile jeder auf seine Taschen. Wer tut das aber schon am Eingang von Schloss Sanssouci? Hier glaubt man sich im Kreis von Kunstfreunden und schenkt Geldbörse, Brief- und Handtasche keine Aufmerksamkeit. Taschendiebe haben das mitbekommen und mischen sich als auskunfts- und diskutierfreudige Potsdam-Kenner unter die Wartenden. Also Vorsicht!

IN DEN PARKS HERUMTOBEN

Die Rasenflächen in den Parks von Sanssouci, Babelsberg und im Neuen Garten dürfen Sie nicht betreten, denn sie gehören mit zum geschützten Welterbe. Ihr Rad sollten Sie nicht mitnehmen, denn das Schieben und Fahren in Schrittgeschwindigkeit ist nur begrenzt gestattet. Verboten sind Inlineskaten, Ballspielen und Musik, Hunde sind anzuleinen. Verstöße gegen die Parkordnung werden gnadenlos geahndet. Bereits das Lagern auf Wiesen kostet bis zu 35 Euro!

AUF HIGHHEELS BALANCIEREN

Auch wenn in den Schlössern keine Filzpantoffeln mehr über das normale Schuhwerk gezogen werden müssen, so ist es doch ratsam, sich nicht mit Highheels auf Stadterkundung zu begeben, sondern lieber die bequemen flachen Treter anzuziehen.